U0934596

移动互联网时代

生活、商业与思维的伟大变革

易北辰◎著

图书在版编目（CIP）数据

移动互联网时代／易北辰著．—北京：企业管理出版社，2014.10

ISBN 978-7-5164-0949-7

Ⅰ．①移…　Ⅱ．①易…　Ⅲ．①网络经济—通俗读物　Ⅳ．①F062.5-49

中国版本图书馆 CIP 数据核字（2014）第 228358 号

书　　名：移动互联网时代
作　　者：易北辰
责任编辑：张　羿
书　　号：ISBN 978-7-5164-0949-7
出版发行：企业管理出版社
地　　址：北京市海淀区紫竹院南路 17 号　　邮编：100048
网　　址：http://www.emph.cn
电　　话：编辑部（010）68453201　　发行部（010）68701638
电子信箱：80147@sina.cn　zhs@emph.cn
印　　刷：廊坊市兰新雅彩印有限公司
经　　销：新华书店
规　　格：166 毫米 ×235 毫米　16 开本　18 印张　115 千字
版　　次：2014 年 11 月第 1 版　2014 年 11 月第 1 次印刷
定　　价：39.80 元

作者寄语

移动互联网时代将是人类文明发展以来最大的一次产业革命。在这个时代将永远不存在领先的企业，只有时代的企业。要么移动，要么死。

移动互联网时代将造就人类有史以来最大的一次人口迁徙，全球超过 60 亿的人口，将从工业时代直接跳入移动互联网时代的大潮中。有人主动参与，有人试图引领，有人则被迫卷入移动的浪潮……

不管你承认与否，移动互联网就像空气，它已经占领了这个星球。你现在要做的，就是忘记过去，关掉手机，点亮台灯，泡上一壶清茶，打开此书，一起进入一个全新的星球，一个全新的时代——移动互联网时代！

目录

CONTENTS

第三章

移动互联网时代——媒体

第四章

移动互联网时代——车联网

第五章

移动互联网时代——智能终端

第六章
移动互联网时代——互联网金融

第七章
移动互联网时代——电商

第八章

移动互联网时代——移动搜索

第九章

移动互联网时代——安全

第十章

移动互联网时代——运营商

序 一

移动互联网：在融合和碰撞中生长

移动互联网时代，所有的行业时刻都在发生着剧变，无数骄傲的巨头一夜之间被倾覆。让人热血沸腾的战略规划形同废纸，跨界思维使定位大师无所适从，渠道为王已渐行渐远，甚至终将消亡。

移动互联网浪潮如推倒多米诺骨牌般地摧毁一切。

改变已然发生，改变还在继续……

移动互联网的大潮正在以前所未有之势席卷众多传统行业，在融合与碰撞中，行业重塑正在进行……

到 2014 年年底，全球接入互联网的用户将达到总人口的 40%，全球移动互联网用户接近 30 亿。移动互联网普及率在发达国家为 78%，在发展中国家仅仅为 32%，尚未使用移动互联网的人 90% 以上生活在发展中国家，发展中国家将成为移动互联网化的主力地区。移动互联网用户总数快速膨胀，接入设备迅速增加，移动互联网渗透进度加速，网络视频成为年轻人的首选，网购增速远超线下零售。

到 2020 年，预计全球互联设备将产生 500 亿的连接。具体到中国，GSMA 数据显示，中国 M2M（机对机）连接数已超越了美国和日本的总和。

无论在全球还是中国范围内，人手一机的场景将会马上到来，每个人和每部手机，都会成为移动互联网产业不可忽视的渠道力量。

2013 年至 2019 年 7 年间，手机产生的流量将超过笔记本电脑、台式电脑、平板电脑所产生的流量总和。智能手机将不再被独宠，新热点迭代频出。

全智能设备时代孕育着更加庞大的机会，以智能硬件、智能家居和车联网为核心的物联网经济将成为最新一轮热点，思科公司预计，未来 10 年物联网经济产值将高达 19 万亿美元。

大公司已经注意到这个趋势，并通过收购案来巩固自己的地位。

2013 年以来，以美国谷歌、苹果、脸谱网为代表的海外巨头，及腾讯、阿里巴巴、百度等国内巨头不断出手进行大手笔并购，数额十亿、百亿美元的收购屡见不鲜。

目前，几乎所有的 PC 和移动游戏都可以联网进行。今年以来，热门的旅游、餐饮、教育等行业渗透正在加速。团购大战和打车软件大战共同催醒了 020，打车软件大战和千团大战是商家的竞争，同时也教育了商家，为市场发展奠定了基础。

无论是线上的商家还是线下的消费者，都已经具备了大规模线上交易的基础设备和条件。

未来的线上、线下，将进行更深度的渗透并最终完成全方位的融合。

进化是这个星球永远的主题，人类从工业时代进入信息时代，现代化的通信技术和新能源的应用，将成为改变这个时代权利所属的驱动力。世界权利的格局更替，从掌握资源进化到掌握信息。

拥有高科技公司数量的多寡将直接影响国家未来在世界上的地位。

移动互联网一问世便拥有了接管这个时代的王者基因。因为它天生是最先进的通信技术，它天生将变革世界能源驱动的方式。它所造就的智能硬件，将更加清洁，更加酷，更加未来。

审视这个时代微妙的变化，有的物种消失，有的物种新生，移动互联网从来没有改变这个时代，而是这个时代就叫作移动互联网时代。

在中国，在这个拥有 960 万平方公里的土地、13 多亿庞大人口的国家，移动互联网的威力才刚刚显现！

序 二

移动大数据时代

2013 年天猫“双 11”，13 小时成交 191 亿元，刷新了 2012 年全天纪录。

1 个小时内抢购的文胸，叠起来的高度相当于三座珠穆朗玛峰。

全天成交额 350.19 亿元。

而又有多少人想到，数据背后 20% 以上的订单是来自手机下单。

另一则数据：

小米 4 年市值 100 亿元，2014 年 4 月 8 日米粉节单日销售 15 亿元。

小米眼花缭乱的数据背后是每一台手机的出货，移动互联网这个小岛上又增加了一个新的移民。当传统企业为互联网的来势汹汹不知所措的时候，更大的潮流已经接踵而至。

PC 已死，天变了，玩法变了，移动来了！

众多手机厂商以硬件之名抢占移动互联网入口，不知不觉地践行了 PC 时代“一个伟大的梦想”，让全世界每个人桌上有一台 PC，这个上世纪的梦想，在这个时代已逐渐成为现实。

而智能手机将接过这个使命，带着精彩的网络走得更远，继承老大哥 PC 的未竟事业！

智能手机成为生活在三、四线城市人们的第一台连接互联网的设备。

智能设备不仅仅是手机，智能硬件的发烧友们也纷纷下海，有准备地打捞起智能眼镜、智能手表、智能手环、智能戒指、智能领带、智能包包、智能灯泡等一切可互联的设备。

《007》电影里的场景不再遥远，移动互联网不是改变，而是彻底地颠覆了正在阅读此文的你、我、他，还有这个时代的生活方式。

这个时代的生活方式变了，这个星球的玩法变了，这个星球的人类社会变了。

而一个叫“移动互联网”的家伙，正是这场狂野革命的领头羊。

而它给依然旁观的人们留下了一道选择题：要么拥抱，要么死亡！

像恐龙时代的突然消失，小而美的社会生物正在吞噬大而美的巨人。

各种叫“小”什么的公司，正在高举大旗，一路狂奔……

我们看到它们所到之处，有人奄奄一息地倒下……

有人追随了它们的步伐，欢呼雀跃！

有人引导这支队伍，目光坚毅，改变着这个世界前进的方式……

革命就是这样惨烈而美丽，它无情地摧毁一切，而后又狂热地创造先进和美好。

若干年后，我们的子孙翻阅 21 世纪两个 10 年的篇章，一场场社会变革和市场的战役中，长长的英雄的名字中，他们或许能看到自己祖先的身影。

合上书，他们热烈而犀利地讨论，想象关于那个时代，那个被叫作“移动互联网”的时代！

第一章

移动互联网时代正在到来

诺基亚轰然倒下，联想鲸吞摩托罗拉，海尔自我革命，全新谋变。小米 4 年创 100 亿元市值，天猫、京东联手干掉传统卖场。

这是个变革的时代，旧秩序被逐个打破，新秩序正在建立，而建立的方式不是悄悄的而是暴烈的！

互联网演变三阶段

诺基亚轰然倒下，联想鲸吞摩托罗拉，海尔自我革命，全新谋变。小米 4 年创 100 亿市值，天猫、京东联手干掉传统卖场。

这是个变革的时代，旧秩序被逐个打破，新秩序正在建立，而建立的方式不是悄悄的而是暴烈的！

在一个会议上偶遇蔡文胜，蔡文胜强调手机："我是手机，我是未来，两年后你的小孩会觉得键盘和鼠标都是古董。口碑还是最好的宣传，要想到未来四年以后的市场。"

文胜已经不再投资互联网项目，只投资移动互联网项目。理由很简单，几乎所有传统的东西，或者已经进入移动互联网化，或者会产生自己的困顿。

文胜认为，互联网的演变经历了三个主要阶段：

1. 商用互联网，以雅虎的出现为标志。

2000 年前后，最大的互联网公司是从分类信息开始的，他们把一些相关的网站集中起来，再导出。雅虎的特色是分类信息 + 人工编辑，比如在 2000 年的时候，雅虎收录了中国的十大网站和当时比较热门的产品。

2. Google 的出现，标志着互联网进入第二个阶段。

纷纷扰扰的大潮过后，网络搜索市场的形势已经渐趋明朗，领头羊深受投资者们的青睐，跟不上步伐的公司被无情的资本市场抛弃，而市场中的后来者正在试图抢占那些领头羊所忽视的领土。过去的十年中，网络搜索市场的领导者已经换了好几拨，现在还有人记得 Altavista 公司吗？而现在的网络搜索市场，则由 Google、雅虎、美国在线和微软的 MSN 四大巨头把持着。作为市场份额排名分列第一和第二的 Google 和雅虎，也毫无疑问地成为了华尔街的宠儿，当时有一家做竞价排名非常不错的公司卖给了雅虎。因此，有时候未必需要上市才算伟大的公司，卖掉也是很不错的选择。

3. Myspace 以及后来的 Facebook 的出现，标志着互联网进入第三阶段。

Myspace 阶段才到了互联网最有价值的部分：互动。因为这样可以让用户不断地产生信息，而 Facebook 之所以能够打败 Myspace，原因在于 Facebook 把用户的关系也纳入了进来。在国内，微信的火爆就说明了这个问题。首先，微信所有的流量来自于手机；其次，微信基于通讯录的关系，是牢固的熟人关系，会成为未来最大的入口。

互联网的第一个阶段改变的是信息的构成；第二个阶段改变了娱乐和电子商务的方式。而移动互联网和智能手机，对传统行业的改变刚刚开始。对于将来的投资项目，蔡文胜给出了两个标准：

1）用户需求是否真实。

2）未来市场是否可持续发展。

关于手机和 PC 主要的区别及对应的创业建议：

1. 拍照的便利：将会延伸到基于图片的应用。中国和美国相比还是有差距的。

2. LBS：很多应用会基于 LBS 的特性而改变。以前在 PC 上提前搜索的习惯将会改变，人们将更加适应到了当地之后再进行信息搜索。

3. 通讯录：如果能通过通讯录再进行转化，发展速度会更快。

WEB 已死

移动互联网的大潮来势汹汹，这波大潮中将产生中国新的财富 500 强。而对于移动互联网创业者而言，时间窗口期可能只有三年！

1. 移动互联网的用户冰山，会在未来三年内上浮。

今天的移动互联网总用户，只是移动互联网的冰山一角，真正的冰山至少是 10 倍以上的量级，这个冰山将在未来三年内完成上浮。所以，今天移动互联网拥有成千上万用户的优秀 APP，在三年后将再上升 10 倍。

2. 整个上浮过程惊心动魄，移动互联网的土壤中会有创新的霸主！

APP 产品的特点是足够细分，有太多的地方存在创业空白，大公司来不及布局，而且大象转身一定比较慢。

3. 天使、创业者必须先知先觉，随着移动用户量的急剧上升，其他天使、VC、PE 会快速跟进，移动互联网在未来三年的 TMT 领域，会产生一大批投资热点。

4. 这个过程对于互联网从业者来说，是一生中再不会拥有的第二次机会。

为什么 PC 互联网用了十年，而移动互联网只是三年？

1. 移动互联网时代口碑传播更快，手机是移动的，是可随身携带的智能设备，身边的人体验智能手机带来的丰富应用，会更加快速、直接地影响到身边的朋友圈。

2. 手机更新换代周期在 1 ～ 3 年，快速更新换代后，智能手机的硬件配置将更加强大，而成本更加低廉。智能手机的成本，如今已降至 1000 元以下，成为人人用得起的移动互联网设备。

3. WEB 互联网积累的数字化内容，可直接转移至移动互联网，而且转移成本更低，效率更高。

4. 移动的特性，使得互联网 7×24 全时、全方位、无缝覆盖用户的工作、学习、生活，对用户的价值巨大。

5. 人口红利还将继续上演！平均每月将有上百万用户第一次接触移动互联网，是彻底的小白用户。对于移动互联网创业者来说，只要先行一步，且有产品的品质保证，口碑相传意味着更少的营销成本，移动互联网的强社交属性，同时会带来更多的社交红利。

6. 移动互联网的利基用户转化完成后，待到第二个三年初始，意味着更高的单个用户获取成本，营销成本将堪比电子商务用户获取的成本。因为移动互联网产品的特性，会使得用户的切换成本天然很高。

WEB 时代将结束

1. WEB 是 PC 时代的产物，PC 被 24 小时全天候、随时随地可连接网络的移动智能终端抢班夺权。更多元的移动上网设备，更丰富便捷的移动上网环境下，WEB 时代行将迟暮。

危言耸听地说，WEB 已死。2012 年之后，WEB 必将全面转型移动互联网。

2. WEB 上网需要固定空间、固定时间。除了社交工具，互联网已经被切分为 WEB、APP、微博三大领域，WEB 的上网时间被大量挤占，中小网站自 2012 年以来，WEB 的流量下降明显。

3. 移动互联网简单、快速、直接、易用，传统的 WEB 将被替代。传统上网是因为很多小需求聚合，集中上网解决碎片需求聚合的问题。一上网便需花大量的时间。查询高铁时刻表，逛电商网站，会遭遇链接诱惑，需在各色诱惑的链接中跳转。因为 WEB 页面是相互可链接的链接世界，但是 APP 在原则上是拒绝跳转的，一次跳转就意味着退出原应用。APP 更像 Google，启动特定应用，用户快速访问，快速得到结果，快速退出。APP 如同定点打靶，满足了原先这些上网的小需求点。

对创业者的建议：

1. CEO 尽快配置各种系统的智能手机、平板，必须实现移动化办公。创始人团队必须使用智能手机，竭尽一切用移动互联网完成日常工作、学习、生活的需求。

2. CEO 及创始人团队必须思考移动互联网战略，并倾尽所有资源和能量加速布局移动互联网。

3. 时间是最大的敌人，如果错过了未来三年移动互联网的爆发期，将会是你终身的遗憾！

4. 在 WEB 上苦苦挣扎的团队，如果没有将产品中心转移到移动互联网，那么就要停止你的项目，尽快到移动互联网上另起炉灶创业！

5. 产品必须快速立项、快速研发、快速发布。小步快跑，快速迭代。闭门造车的时代已经过去，必须让用户参与到产品研发的全过程中。

6. 和你的用户交朋友，把绝大多数的工作交给你的用户完成。具体怎么做，好好利用你的智慧和聪明的大脑。

移动互联网时代新的霸主将陆续诞生，而曾经的巨头留给了我们太多美好的记忆。

做个小调查：有多少人的第一部手机就是诺基亚？

北辰的第二份工作是在软件公司负责市场，大楼在北京五道口的清华科技园，公司大楼的对面就是 Google 大厦。依稀记得 Google 退出中国大陆的时候，许多 Google 的粉丝手捧鲜花冒雨祭奠 Google 的离去。

数据的浪潮再如何汹涌，人毕竟是情感动物。回顾四下，看看那些不幸被移动互联网浪潮卷走的巨头，北辰举的悲情人物是什么行业？

零售、地产、服装，还是汽车？

都不是。正是手机行业昔日的霸主诺基亚，只是想说，当 iPhone2007 年的首个发布会，重新定义手机，连传统手机诺基亚这个站在移动互联网门口的战士也难以幸免，其他行业还有什么理由不接受移动互联网时代？

传统手机巨头诺基亚倒下

互联网从来不缺少财富神话。百度、腾讯、阿里团队，历尽艰辛、排除万难，奔赴资本市场，敲响上市钟的一刹那，多年的付出终得回报，无数的亿万、千万富豪诞生。这样的故事一遍遍地上演，激励了一代又一代的互联网人。

就像银币的两面，科技圈也有这样一类人：他们身居要职，带领庞大的精锐部队，不但摧不了城，更拔不了寨，反而擅长将一艘万吨巨轮驶向万劫不复的深渊。在壮士扼腕，水手痛哭之际，他们却能全身而退，获取亿万财富，这是什么商业逻辑？

而这样的故事继前中国国足主帅卡马乔之后，诺基亚前 CEO 埃洛普再次施演这一神技！

故事要从微软并购诺基亚讲起。

诺基亚 2014 年 4 月 30 日对外宣布，完成向微软出售设备与服务部门的业务。至此，这项长达 8 个月的收购案尘埃落定。据诺基亚发布的消息，该交易总额略高于此前与微软协商的 76.2 亿美元。

鼎盛时期的诺基亚，在 21 世纪的第七个年头曾占据手机市场 41% 的市场份额。昔日的霸主，在苹果和新锐厂商的冲击下摇摇欲坠，最终晚节不保，芬兰巨人轰然倒下。诺基亚的落败令人叹惋和深思，曾经行业最强的公司，没有持续创新，故步自封，也会死。

而对于微软，虽然和诺基亚已经展开了密切的合作，但诺基亚依然独立运作，开发流程步调不一，矛盾重重为此次并购埋下伏笔。同时，微软和诺基亚在研发、市场、渠道、文化上的格格不入，也是影响微诺同盟崛起的重要障碍。而微软认为，通过资源的再次重组，如果能够更好地理解硬件与软件的融合方式，便能更好地笼络合作伙伴和开发者、运营商，重振昔日雄风。

成立于 1985 年的诺基亚年少成名，在 1995 年便开始了它的传奇之旅，整体手机销量和公司利润与年俱增。自 1996 年开始，诺基亚连续 15 年占据手机市场份额龙头老大的位置。

2003 年，诺基亚 1100 型号的手机更是在全球累计销售 2 亿部，一骑绝尘。

2009 年，诺基亚手机发货量约合 4.318 亿部；2010 年第二季度，诺基亚在移动终端市场份额约为 35%，领先当时其他手机市场占有率 20.6%。可谓前无古人，霸主地位不可撼动。而科技圈风云突变，面对市场的颠覆者苹果和三星的冲击，老态龙钟的诺基亚在 2011 年第二季度跌落神坛，从此一蹶不振。此役微软收购诺基亚，彻底标志着芬兰巨人轰然倒下，一个时代终结了。

诺基亚的传奇一生戛然而止，而执行官史蒂芬·埃洛普只是故事小小的一个章节，本书无法穷尽诺基亚的所有故事，芬兰巨人的倒下绝不仅仅是 CEO 一个职位的因素。

大厦之倾倒，巨头之消失，抛开所有的因素，答案只有一个：这是移动互联网时代的选择！

当年庞大的诺基亚，在功能机市场沉迷于成功的喜悦，逐渐迷失了对未来的判断。一切似乎都在意料之中，而对于世人最大的意外是，它倒下得如此迅速！

诺基亚的倒下并非单一事件，同一时代的摩托罗拉同样未能独善其身，最终远嫁中国 PC 巨人联想。两位巨人悲凉的晚景，幕后推动者只有一个：移动互联网！

功能机已死，智能机时代来临。

大时代将逝，小时代后生。

北辰点评：

恐怕诺基亚、摩托罗拉老死的那一天，都不会想到，南征北战多年，历经大小战役无数，坐拥几千款精锐手机的无敌战队，会被新入手机战场的两名无名刺客瞬间秒杀。

而两位刺客还不及程咬金的三板斧，它们各只有一招：

其一名曰：iPhone；其一名曰：小米手机。

移动互联网时代少即是多，做到专注、做到极致就能克敌制胜。

TABLE 互联网群雄逐鹿

移动互联网的庐山真面目，已经一点点地被揭开，移动设备、移动办公、移动社交、移动游戏，人们似乎已经开始接受这个风一样的事物。

但最大的一个难题还没解开。

谁是移动互联网时代的新巨头，传统豪强 BAT 是否会强借 PC 互联网优势，再次主宰移动互联网？

今日头条、陌陌、锤子手机等逐渐崭露头角的后生们，它们的命运又将如何？

而所有的答案解铃还须系铃人，一起跟北辰看看当前的互联网五霸 BATLE（百度、阿里、腾讯、雷军系、周鸿祎系），他们现在都在做些什么？

● 阿里篇：马云财技通施　阿里风林火山

阿里入股优酷土豆、UC，为赴美 IPO 增添筹码是众所周知的事情，而这幕后的真正含义是要向美国资本讲一个宏大的中国故事！

2014 年 4 月的互联网江湖并不平静，资本市场的两粒石子激起了惊涛骇浪：

其一：阿里和云锋基金 12.2 亿美元入股优酷土豆，阿里持股 16.5%

4 月 28 日，优酷土豆集团对外宣布获得阿里巴巴和云锋基金 12.2 亿美元战略投资，阿里巴巴持股比例 16.5%，云锋基金持股比例 2%，阿里巴巴委派 CEO 陆兆禧入驻优酷土豆董事会。

此役，阿里巴巴和云锋基金购得优酷土豆 A 股普通股 721，120，860 股（每 18 股优酷土豆 A 类普通股相当于一股 ADS）。优酷土豆集团和阿里巴巴表示，合作达成后，双方将共同打造一个以互联网视频为基础，线上线下融合的文化娱乐平台，为广大用户提供分享无限、启智于乐的丰富文化娱乐生活。

其二：阿里巴巴携手 UC 发力移动搜索市场

时间同样是 4 月 28 日，UC 优视正式对外宣布与阿里巴巴合作共同发布移动搜索引擎——“神马”，阿里巴巴和 UC 优视已经成立合资公司运作“神马”移动搜索。UC 占股为 70%，阿里巴巴占股为 30%，双方共同发展移动搜索业务，UC优视CEO梁捷将出任神马搜索业务总裁。

两起资本运作已有先兆

阿里巴巴正在紧锣密鼓地筹备IPO，据BrightWire报道称，阿里巴巴推迟提交IPO必需的F-1上市文件。恰在这段时间，阿里在国内发动大手笔并购，12.2亿美元入股优酷土豆，战略投资神马移动搜索。

而远在大洋彼岸的美国媒体，也对阿里巴巴IPO给予了极大的关注。

4月25日，据美国媒体报道，阿里巴巴正在研究一项可能使其IPO成为历史上规模最大IPO的计划。消息人士称，该中国电商巨头及其聘请的银行家正在讨论扩大发行规模，此举将使该公司为自己筹集一些资金。

IPO数据调查公司Dealogic称，虽然最终决定还未做出，但阿里巴巴自己加入发行股票行列，可能使IPO的规模超过200亿美元，并可能打破2010年中国农业银行在上海和香港上市时创下的221亿美元纪录。在美国，IPO最高纪录为Visa公司在2010年上市时的197亿美元。

阿里巴巴上市麻烦多　马云财技通施

而高举高打，疾如风，徐如林，侵掠如火，动如雷震，也是马云的惯用打法。

和马云经常在公众场合宣扬的“做一家由中国人创办的，全世界感到骄傲的公司”这个愿景不谋而合。

而问题来了，阿里巴巴的上市资产并不包括支付宝在内的阿里小微金融集团。按照阿里巴巴多位高管的说法，其金融业务倾向于单独IPO。上市资产中的B2B平台，阿里巴巴的概念在美国不如在中国普及，阿里巴巴在港股的表现也不足以给美国投资者以参考。

B2C业务天猫和京东商城处于贴身肉搏中，而京东商城同在上市快车道上，随时有超车的可能。

因此，必须在错综复杂的上市节点上，再扣上几个安全带。

C2C业务的淘宝，更是棘手的问题。

此前便有媒体援引消息人士的说法，称阿里方面仍在“积极准备F-1上市文件”，因为更多细节方面的原因，将推迟提交招股书。主要原因是“淘宝的问题”，即阿里巴巴计划对淘宝（主要针对消费者的销售市场）进行大调整，此前淘宝的用户界面不时受到批评。

前有强敌，后有追兵。意欲挑战史上最大IPO，马云似乎黔驴技穷。

中国有句老话：置之死地而后生！

以上的两笔资本案运作，已透露马云的最后一个必杀技：中国故事！

向美国投资者讲一个中国故事是每个成功创业者的基本功。

微博赴美上市，中国版的Twitter来了。

京东赴美提交IPO，中国版的亚马逊来了。

2010年优酷的上市，中国版的YOUTUBE来了。

不管是中国人，美国人，人们习惯用自我已有的经验去理解一些问题。

而面对不熟悉的领域，人们给出的回答是：不熟不做！

阿里的故事华丽无比：中国最大的B2B网站+中国最大的在线零售商+中国最大的C2C平台。

而这个故事在老谋深算的美国投资人眼中，并非没有破绽：

B2B 市场群雄争霸，在线零售市场京东步步紧逼，C2C 平台假货横行。而 2014 年马云财技通施，动作频频：马云个人名义或阿里巴巴集团的投资标的分别有中信 21 世纪、高德导航、TutorGroup、Tango、文化中国、佰程旅游网、银泰商业、恒生电子、华数传媒、优酷土豆、神马移动搜索，为此马云和阿里共花费了 129.37 亿港元、26.55 亿美元、98.35 亿人民币。

此役战罢，一艘来自中国的巨无霸航母浮出水面：

基于电子商务的商业帝国，社交、搜索、O2O、媒体、视频、金融、商业地产、在线旅游百舸齐发。

在美国的资本界似乎可以这么讲：这是一家来自中国的企业，它由电子商务起家，短短 10 年，成长为中国最具影响力的商业帝国。

它拥有中国最大的在线零售平台、中国最大的企业对企业电子交易平台、中国的 PAYPAL、中国的亚马逊。

同时拥有中国的 YouTube、中国的 Twitter、中国的《纽约时报》等优质资产。

而刚得到的艾瑞数据：

1 月 16 日消息，中国互联网络信息中心（CNNIC）在京发布《第 33 次中国互联网络发展状况统计报告》。报告显示，截至 2013 年 12 月，中国网民规模达 6.18 亿，全年共计新增网民 5358 万人。互联网普及率为 45.8%，较 2012 年年底提升了 3.7 个百分点。

CNNIC 称，整体网民规模增速持续放缓。与此同时，手机网民继续保持良好的增长态势，规模达到 5 亿，年增长率为 19.1%，手机继续保持第一大上网终端的地位。而新网民较高的手机上网比例，也说明了手机在网民增长中的促进作用。

2013年中国新增网民中，使用手机上网的比例高达73.3%，远高于其他设备上网的网民比例，手机依然是中国网民增长的主要驱动力。

加上网民规模超过美国人口总和的“中国”两个字做背书。

阿里巴巴不是强大，而是可怕。

北辰点评：

阿里巴巴确定于2014年年内在美国纽交所IPO，完成IPO后的阿里市值将达到2000亿美元，成为中国第一大科技巨头。移动互联网领域阿里完成电商、搜索、社交、文化等全产业布局，北辰断言，阿里巴巴，在移动互联网时代中将是第一霸主。

● 百度篇：百度的棋局　人工智能

图灵测试2014年的举办方——英国雷丁大学对外宣称，俄罗斯人弗拉基米尔·维西罗夫（Vladimir Veselov）创立的人工智能软件尤金·古斯特曼（Eugene Goostman）通过了图灵测试。图灵测试是由现代计算机科学之父英国人阿兰·麦席森·图灵65年前提出的。图灵测试是在测试人与被测试者（一个人和一台机器）隔开的情况下，通过一些装置（如键盘）向被测试者随意提问。问过一些问题后，如果被测试者超过30%的答复不能使测试人确认出哪个是人、哪个是机器的回答，那么这台机器就通过了测试，并被认为具有人类智能。

尤金·古斯特曼（Eugene Goostman）是由俄罗斯人Vladimir Veselov（现居美国）开发的智能软件，模仿的是一位13岁的男孩。在2014年举行的共有5台超级计算机参赛的图灵测试竞赛上，尤金设法让33%的测试者相信它是人类，这意味着这台超级计算机通过了图灵测试。

图灵测试打开了智能化时代那扇虚掩的门，启动了人工智能的多米诺骨牌将被次第打开……这扇门背后是瑰丽的世界：路上行驶着无人驾驶的汽车；自主思考的飞行器。

半个多世纪，太多的人被带入人工智能的奇妙世界，他们渴望人工智能如同天真的孩童渴望星空。星空中一个个大师的名字在星光闪烁：提出了“图灵机”和“图灵测试”的人工智能之父阿兰·麦席森·图灵，“计算机之父”冯·诺伊曼，发明聚焦扫描显微镜的马文·明斯基。仰望这些大师，当年手捧《小小灵通漫游未来》的少年，现在已然成长为人工智能领域举足轻重的人物——李彦宏。

生命中的很多伟大想法，都来源于沉思的那一瞬间。

人工智能深刻影响着世界文明的进步和人类的生活，那是比搜索框更深远的世界。

早在2008年，李彦宏在上海表示：人工智能是未来搜索引擎的一个方向。

百度已经不只是一家搜索引擎，人工智能是其终极目标。

据百度创始人李彦宏透露，百度目前正在推进一个名为“百度大脑”的项目，利用计算机技术模拟人脑，已经可以做到2～3岁孩子的智力水平。“相信随着硬件成本越来越低，计算能力越来越提升，计算机的能力将非常接近人的能力。”

国际上与百度一样也在积极开展人工智能研究的公司只有 IBM 和谷歌。而李彦宏也曾在一次内部分享中提到，百度的目标是要成为全球创新中心。

2013 年年底，鲜少上电视的李彦宏出现在了江苏卫视《最强大脑》的第一期，李彦宏为技术男队挑战选手的分析点评一语中的，成为整场节目亮点。而实际上，李彦宏参加节目有他自己的兴趣所在：“《最强大脑》讲的是人脑，我想的是电脑能不能做。如果你能做到的事情，我通过研究后用电脑也能做到，甚至做得更好，那不是很有意义的一件事吗？”随着互联网和计算机技术的发展，出现完全模拟甚至匹敌人脑的“百度大脑”，这一天，也许并不遥远。

2014，在这个预示着希望和未来的年份，中国互联网产业的三巨头分别做着自己认为最重要的事。腾讯用微信商业化探索构建着企鹅的商业帝国；阿里巴巴为其赴美上市，大举投资并购，为提高公司上市估值财技通施；在百度眼中，影响未来竞争格局胜负的因素依然是技术与人才。而吴恩达的加盟则更加坚定了百度选择的未来方向……

百度日前宣布任命吴恩达博士为百度首席科学家，全面负责百度研究院，这是中国互联网公司迄今为止引进的最重量级人物。生于 1976 年，在国际学术界和实业界都已成就斐然的吴恩达，无疑是“业界最强大脑”。作为当今全球人工智能领域最权威的学者之一，吴恩达不仅是斯坦福大学计算机科学和电子工程学的学术风向标，更因其一手创建并领导了谷歌深度学习团队，被业界誉为“谷歌大脑之父”。吴恩达则这样解释李彦宏和百度对他的感召力：“其他国家都在模仿美国的技术，这早已成了既定模式。但百度却在做很多全世界独一无二的事情。”

2014 年 5 月 16 日，百度宣布位于加利福尼亚森尼维耳市的百度美国研发中心落成开幕。目前，百度研究院及其下属实验室，包括百度各级研发中心在亚太乃至全球布局的轮廓已逐渐清晰，百度距离成为李彦宏所期望的“全球创新中心”的目标，无疑更近了一步。而越来越多天分超群的科技精英陆续加盟，汇聚到一个他们能够充分挥洒才华、碰撞火花的技术生态和产业平台。

李彦宏领衔的百度，为何要开展人脑模拟研究？事实上，这是搜索引擎的技术发展水到渠成的一步。在十多年前搜索引擎刚刚被“发明”出来时，它还是一个基于统计学的技术，但现在，由于互联网的快速发展，在千奇百怪的用户需求和海量数据处理背景下，搜索引擎已经越来越依赖人工智能、机器学习技术。

据了解，百度的深度学习研究工作启动于 2012 年，2013 年百度深度学习研究院 IDL（Institute of Deep Learning）正式成立，前 Facebook 资深科学家徐伟、美国新泽西州立大学统计系教授张潼，异构计算专家、前 AMD 异构系统首席软件架构师吴韧、“千人计划”国家特聘专家余凯等一大批世界顶级专家纷纷加入，除了在国内有专门实验室外，在美国硅谷离苹果公司不远的地方，百度深度学习实验室也已经在运转。2014 年年初，为了进一步推进深度学习的研究，李彦宏还决定在百度开启“少帅计划”：即搭建平台，面向全球招募 9 名 30 岁以下的人工智能领域青年精英，希望以他们之力完成颠覆式创新。李彦宏希望和这些聪明人一起，做出更聪明的搜索引擎。

李彦宏最近在读一本书——《奇点临近》，“技术临近突破点”的观点让他兴奋。一组数据显示，截至 2014 年第一季度，百度研发费用三个季度连续超过十亿元，2013 年第三季度研发支出为 10.91 亿元，第四季度为 12.64 亿元，2014 年第一季度为 12.77 亿元。“互联网公司平均把营收的 7% 投入研发，百度投入的比 11% 还要多。随着营收的不断增长，研发投入还在继续增加”。

李彦宏表示：“我认为互联网思维模式几乎对任何一个传统产业都有很大的启发作用。未来会发生的一件事就是技术会改变互联网。我相信很多人在过去很多年都切身感受到互联网对自己生活的改变，但是有多少人能真正感受到技术对于互联网的改变呢？并不多。因为技术在积累过程当中，在它还没有真正爆发出来、没有影响到具体的衣食住行的时候，你可能会感觉不到。然而，技术积累到一定程度的时候，会从量变发展到质变，当发生质变时，人们就有可能措手不及。我觉得这就需要我们对技术、对大数据，或者以大数据为基础的互联网相关技术，有一个及早的了解、及早的认知、及早的拥抱。”

纵观全球互联网发展史，凡能长期居于引领地位的公司，无不在技术上有着不可取代的优势。对于这一点，曾深度观察并亲历硅谷风云的李彦宏应该很笃定，更何况向技术深处的探究一直是他“最喜欢并且擅长的事情”。

北辰点评：

百度是当之无愧的搜索领域霸主，在 PC 搜索和移动搜索都一骑绝尘，无人望其项背。而其在智能领域的布局更是独步天下，当前坊间流传百度启动了无人驾驶汽车项目。移动互联网的未来是智能化的世

界，而坚信技术改变世界的百度，这方面的能量更是无人能敌。在移动互联网时代的排名中，前三中百度必有一席之地！

腾讯篇：腾讯的O2O之路——并购58同城

2014年6月27日，58同城联合腾讯控股发布公告称，腾讯以7.36亿美元投资总额获58同城19.9%的股份。

此次大额资本运作案，是继腾讯投资滴滴打车和大众点评之后，再次出手布局O2O领域。此次战略合作达成后，腾讯和58同城双方将借助彼此的平台优势，共同在生活服务领域及O2O业务上进行深度协同合作。

在本次交易中，腾讯以每股20美元的价格向58同城认购36，805，000股A类和B类普通股。58同城将用部分融资金额向上市前的投资人回购27，603，750份普通股。

58同城将有机会获得来自腾讯QQ、微信、QQ.com以及QQ浏览器等各个平台的流量，进一步加强在本地服务领域的领先地位。腾讯会在上述平台整合58同城的本地服务，令用户可以通过社交工具发现推荐商户，并与商户和其他用户更好地交流，从而帮助58同城进一步扩大用户基数，提升用户体验。根据协议信息披露：未来双方在各自的本地服务中会将对方视为首选合作伙伴，两家公司将利用各自平台的优势联手打造下一代O2O服务。

腾讯联姻58同城，在外界认为是高富帅和白富美的完美联姻，在一片鲜花和掌声中，似乎O2O的前景一片大好。而在这样的强强联合中，至少存在三大问题：

1. 姚劲波言行不一，58 同城战略方向飘忽不定成隐患

把时间的指针拨回到 2014 年 5 月 8 日，正是不远的一个多月前，主角还是 58 同城，还是腾讯。

58 同城 CEO 姚劲波在接受腾讯科技专访时表示：百度、腾讯、阿里巴巴三巨头加强圈地和投资并购，互联网公司和移动互联网创业公司都面临着站队的选择，58 同城不会投靠 BAT，仍会坚持自己的独立发展。58 同城、赶集网的业务与互联网巨头目前并没有很强的协同效应，而 58 同城作为独立平台的好处则是可以和 BAT 平等合作。如果创业者对自己的公司有足够信心，也不会有站队的压力和需求。

一个月前的姚劲波明确给出三个观点：

（1）对自身没有信心的公司才会有站队的压力和需求。

（2）58 同城的业务和 BAT 不具有协同效应。

（3）58 同城会坚持独立发展。

短短一个月，58 同城从坚持独立发展的战略规划到依身于腾讯的企鹅帝国之下，这期间发生了什么，不得而知。

而从前后一个多月的言行对比，58 同城在战略上的摇摆不定，远不像姚劲波在微博所言十天搞定 7.36 亿美元那般洒脱。

在腾讯入股 58 同城的消息宣布后，资本市场也做出回应：2014 年 6 月 27 日 22 时 35 分，58 同城股价走跌，较前一日收盘价跌 1.54 美元，跌幅 2.95%。

2. 虽同为互联网上市企业，但文化差异巨大

马化腾从早年出走润迅，成立腾讯，一手打造 QQ，就为腾讯深深

注入了社交 DNA 和产品为王的基因。十几年发展，腾讯已是巨木成林。但从 QQ 到微信，核心的基石未变。这也是腾讯今天一直在社交上一骑绝尘的根本原因。同样，严重的社交 DNA，让腾讯在电商、搜索、本地生活方向上，饱受遗珠之憾。近半年来，腾讯在战略方向上做了重大调整，用投资控股方式取代自营内生。

而这样的调整，目前还暂无成功案例可言。自家土壤上培育不出好果实，和别人合作在自家土壤上培育，就一定能培育出优质的果实？从逻辑上并无对错，但仍需时间检验。大众点评、滴滴打车、京东是最大的试验田，但在还没出成绩的情况下，58 同城贸然加入这个实验室未免有些操之过急！

在企业文化上，二者更是千差万别：腾讯员工多以高富帅著称，洋气十足，个个在公司内以英文名互称。而在腾讯内部，工程师地位显著，产品为第一核心驱动力。反观 58 同城，标准化的地面部队，个个在线下能征善战，标准的销售文化驱动团队。

双方联手发力 020，一中一洋，一线上一线下，一工程师一销售达人，融合上是否能一帆风顺，磨合时间需要多长？

仍然存疑！

3. 卖身腾讯，与百度、阿里成陌路人

BAT 争雄，水火不相容。58 同城卖身腾讯等于间接与百度、阿里为敌。根据 58 同城 2014 年的三大核心战略：无线业务、投资并购、深耕华东市场。在无线分发方面，百度一家独大，腾讯应用宝在分发能力上仍不及 360，58 同城想通过腾讯增强其无线业务，恐怕要顾此失彼！

投资并购上，百度与阿里早早布局 020，从现金流向表和资产负债表上看阿里、百度，它们的资金充裕，远超 58 同城，58 同城通过并购完善上下游生态的策略，在未来恐将遭遇强劲的竞价对手。

深耕华东市场，则更是雪上加霜，华东本为阿里腹地，卧榻之侧岂容他人酣睡？阿里在华东地区兵多将广，一旦腾讯微信支付与支付宝钱包交火，58 同城地面部队与阿里团队必然在线下正面交火，对业务开展实为不利。

在互联网格局纷乱复杂的情况下，58 同城十天思考就搞定 7.36 亿美元的投资实为传奇。但在一片唯快不破、欢欣鼓舞的喧闹中，更需要的是一份孤独的思索和冷静的审慎！

北辰点评：

创新方面备受诟病的腾讯帝国，在移动互联网时代抓住了最重要的绳索，微信！最强移动社交应用加上在游戏方面的超强现金流业务，腾讯的未来毋庸置疑。腾讯通过大举并购开始布局整合垂直细分领域，正如上文评论，腾讯的业务整合，如拍拍、易迅的电商业务不被外界看好。但基于腾讯社交和游戏方面的霸主地位，移动互联网时代三强必有腾讯一席之地！

● 小米篇：小米 4 年创 100 亿元的逆袭之路

截至 2013 年 6 月底，包括中国大陆、中国香港、中国台湾三地，小米共有 1422 万手机用户，MIUI 用户达 2000 万。小米公司 2014 年的重点是持续提升核心手机产品性能，打造产品性价比第一标杆并改善用户体验，同时还会继续关注以手机为核心的周边应用与市场，形成提供更为便捷与智能化、同时兼备趣味性与易用性的产品服务生态，包括云计算、小米应用中心、游戏中心等业务模式的全力提升。分析人士指出，预期这些新业务将会孵化长远增长潜力。

小米一直推动硬件 + 软件 + 互联网的“铁人三项”，在硬件出货大幅增长之外，生态中的用户活跃度也在迅速提升。友盟移动数据显示，截至 2013 年 6 月底，安卓智能机用户活跃度前十名包括五款三星机型与五款国产机型；其中小米四款机型均排进前十，分别为：小米手机 M1、小米手机 M1S、小米手机 M2、小米手机 M2S。

根据市场研究机构 StrategyAnalytics 数据，三星 2012 年全年在中国出货智能手机 3006 万部，2013 年一季度在中国出货智能手机 1250 万部，即便以三星二季度不增长仍保持一季度水准的保守数据统计，其 2014 年上半年为 2500 万部，加上去年的销售量，则从 2012 年年初至今，三星在华智能手机出货约 5506 万部，而小米去年至今约 1400 万部。

分析人士指出，若粗略估算，按出货量比例，三星在中国出货量约为小米的四倍，而排名前十的设备中，用户互联网活跃度份额仅为小米两倍不到，但一台小米手机用户上网活跃程度抵两台三星手机。从侧面分析，如小米加大出货，在互联网活跃总额度上可有望超过三星。

小米用户的高活跃度也被移动互联网应用开发业者所认可，仅次于 iOS 用户群体，于安卓领域中保持明显领先优势。

据市场调研结果表明，年龄集中在 20 ～ 30 岁之间的青年人群，尤其是大学以上学历背景的白领人群，已经成为消费电子产品的主力军。这一类人群对电子产品有着浓厚的兴趣，也较为熟知，他们正是小米锁定的用户群体。

用户活跃度带来的影响是显而易见的，在刚刚结束不久的一次小米自有品牌耳机购买活动中，关于耳机的价格猜想活动有超过 55 万人参与，共有 15 万人参与了预约，2 万副耳机在一分钟之内全部售罄。

雷军曾表示，正因当下移动互联网爆炸式的发展，才吸引了足够多的新生代用户，对数码酷玩、社交等移动互联生活有着原生式的熟稔，基于此他对小米模式在任何一级市场都十分有信心。随着出货规模的提升，小米的用户半径也同步扩大，在“发烧友”之外获得了更广的“泛发烧友”用户群，在瞄准“消费电子国民品牌”目标，和进一步推动用户深度参与的超级“众包模式”后，品牌渗透力也随之不断强化。

借着这股品牌势能，小米开始走进港台市场，也受到了热烈追捧。2014 年 4 月，中国台湾地区电信运营商远传引进小米手机 2S 之初，尽管已强化服务器带宽投入，但对小米抢购风潮之盛仍是始料不及，上线首日服务器一度被挤爆。

小米进入中国香港、中国台湾市场的主要方式有两种：一是与当地代理商合作，二是采用电商模式。小米在香港地区及台湾省设有服务中心与国际物流合作伙伴，以解决当地市场服务问题。

在官方尚未涉足的海外市场中，小米手机及其他配件产品也广受关注，甚至在 EBAY 网站上有以远高于官方售价的 99 美元的价格出售小米盒子。

2014 年是小米年，而小米 2014 疯狂逆袭的原因很简单：顺势而为。

这是北辰参观小米公司，小米门口对联横幅的四个字。

而关于 2014 年的小米两大动作，4 月 8 日的米粉节，7 月 22 日小米 4 的年度发布会，北辰以日记形式记录了当时的两大盛况。

【4 月 8 日　日记一：小米的破剑式】

2014 年 4 月不冷清。

微博强势登陆美国纳斯达克，逆势而上，互联网化石级的前辈新浪强势崛起。

文章再次给了周一一个不想上班的理由，再一次不相信爱情。

韩流再次席卷中国，都教授在《舌尖上的中国》之前捧红炸鸡和啤酒。

马斯克带着神兽级的传奇座驾特斯拉空降北京……

山雨欲来风满楼，这一切的疾风骤雨都没有阻止小米抢了头条！

借用江湖上人人尽知的一句：倚天一出，谁与争锋？

而这把倚天剑就是小米，4 月的小米刷出了一连串华丽的数据，一骑绝尘。

而数字背后是积攒了三年力量的迸发，一场全民的数字狂欢……

狂欢背后，是小米的三大独门杀招！

小米剑法第一式　高山流水

高山流水话知音，流水常有，知音难觅。而小米的剑法里，飘逸着雪花般的彻骨寒冷，剑气所到之处，草木皆枯。

未见剑影，对手已轰然倒下。而寒冷过后，冰雪消融，滋润万物。

青松、草木、飞鸟、潜鱼纷纷簇拥。

【照见现实】

2014年4月8日，小米一年一度的米粉节，小米再次以近乎传奇的方式完成了一次华丽的演出。

上午10点，米粉节开场后仅10分钟，小米网访问量达到1500万人次，第15分钟时50万台手机订单售罄，第20分钟支付金额过亿元。到下午16点30分时，米粉节总支付金额顺利突破10亿元，一举刷新小米单日销售最高纪录。

数字背后，再一次改变世界的不是小米，不是雷军，而是在电脑前下订单的每一个粉丝。小米用凌厉的剑法再一次让世界见识到了粉丝经济的力量，不是惊人，而是可怕！

小米剑法第二式　白虹贯日

白虹贯日，天生异象，必有革变。

而这个变化，各位已经有目共睹。

芬兰巨人诺基亚轰然倒塌，传奇战将摩托罗拉名存实亡……

当HTC、中华酷联（中兴、华为、酷派、联想）正琢磨江湖的后一个大势的时候，小米一招白虹贯日，震惊的不是手机界，还有路由、电视、电源、耳机，甚至是整个智能生活。

天道已变！

【照进现实】

“这是我们电商的一次成人礼，是一个考试。”4月8日下午2点14分，身着红色T恤、蓝色牛仔裤的雷军现身小米位于北京大兴的仓库。雷军身后的两台小米电视刷新着米粉节销量的实时数据，销售额

7.7亿元；到了2点29分，这个数字已经跳到了8亿元。

仓库另一侧，顺丰、如风达等一排排货车已经在仓库门口守候，等待订单装车发出。仅在北京地区，顺丰的小米服务保障人员投入增长了200%。

奇虎360董事长周鸿祎感慨："今明两年小米市值超越B（百度），后年基本追到A（阿里巴巴）的千亿市值，最有机会PK企鹅（腾讯），将来的互联网格局不再是BAT，而是ATM。"雷军笑而不语。雷军身旁的一位小米联合创始人则笑着说："这是高级黑啊。"

"小米本质上是一家电商企业。"按照交易规模，小米已经是排在阿里巴巴、京东之后的中国第三大电子商务公司。

小米剑法第三式　梅花三弄

宝剑锋从磨砺出，梅花香自苦寒来。从1988年入金山，2010年的小米，从劳模雷军，到致青春的大男孩雷军。

22年的蛰伏，剑法终有小成，而那个叫雷军的男人心中的火焰才刚刚开始绽放……

梅花一弄断人肠，梅花二弄费思量，梅花三弄风云起。

【照进现实】

2014年4月22日，小米启动了全新的域名mi.com，从xiaomi到mi，少了一个小字。的确，小米不小。

原有域名xiaomi.com跳转到了mi.com，小米为了拿这个域名花费了360万美元（约合2244万元人民币）。

小米董事长雷军表示："更改域名是为适应小米国际化战略。海外拓展是小米以'软件+硬件+互联网服务'生态进驻全球各地的第一步。小米首先希望能为中国以及全球其他国家与地区的用户，提供体验一流、软硬一体的产品与服务，同时还会与众多创业者携手合作，为中国及全球用户提供更加多元化、本地化的移动互联网体验。”

2013 年 10 月，前 Google Android 全球产品副总裁 Hugo Barra 加盟了小米公司，出任负责国际业务的副总裁。小米国际化也从 2013 年 4 月于中国香港、中国台湾地区和新加坡市场开始试水。

雷军表示 2014 年小米还将进入 10 个国家，包括：

亚洲：马来西亚、菲律宾、印度、印尼、泰国、越南。

欧洲：俄罗斯、土耳其。

美洲：巴西、墨西哥。

新域名和新首页的启用，标志着小米向国际化迈出历史性一步。

小米已然成为华夏江湖的顶尖剑客，但最好的剑客也有其自身弱点：

硬件堆砌，创新不足常被诟病。

扬帆出海，面对海外的绝世高手，易暴露破绽，给对手可乘之机。

路漫漫其修远兮，小米仍需勤勉修行……

【7 月 22 日　日记二：小米熟了！】

4 年，对于一个普通的生命应该都代表着厚重的意义。

这是时间的重量！

4 年，一次大学的象牙塔之旅；

4 年，日耳曼人的冠军之路；

4 年，乔布斯带给我们 iPhone 又轻轻地离开我们……

翻开小米的履历，2010 年 4 月，昨天，2014 年 7 月 22 日。

又是一个四年。

就在昨天，小米熟了！

缘起：一块钢板的艺术之旅

7 月 22 日，国家会议中心，上一次来到这里的画面还历历在目。5 月 20 日，关于一个胖子和一只锤子的故事。今天的主角是小米，有关青春、有关梦想、有关艺术。

走进国家会议中心，米粉们已经穿上了小米发放的红色米裳。国家会议中心被染成红色海洋，巨大的白色背景墙立在主入口处：一块钢板的艺术之旅，2014 小米年度发布会。

走上扶梯，mi 字巨大的 LOGO 牌挂在空中，会场在 4 楼，领了门票，通过第一个检票区，除雷军外，小米的另外几位创始人早已等候在合影区：洪峰（洪帮主）、小米副总裁 Hugo Barra、KK、阿黎（黎万强）。米粉们纷纷迫不及待地与只闻其声未见其人的幕后大神合影留念。

这也是米粉节的保留项目，小米的核心精髓：温度感、参与感、把用户当朋友。

这里没有小米高管、没有小米创始人、没有粉丝，只有一群新朋友、旧相识。

往前步行几米，每个到场的米粉都可以拿到 MINI 的米兔，前提是发布 #2014 小米年度发布会 # 加想说的话到朋友圈或其他社交平台。不管线上还是线下，批评家还是米粉都不得不承认一点：小米的互动，深入每个小米人的 DNA，甚至嵌入骨髓，刻入内心。小米气场存在的每个角落，空气充盈着参与、交互、互动。超越预期，这也是雷军七字诀中口碑的核心所在吧。

进入第二道检票口，北辰顺着引导牌，直接前往C区2排5座。每个人都对号入座，发布会还未开始，过道上已经站满了人。灯光像极了在国家大剧院的盛大演出，音响直接打透心灵。最严格的小米批评家也不得不承认，这是场品格极高的华丽发布。

发布会开始前，大屏上不间断播出小米VIDEO，关于小米产品、关于小米员工、关于和在场每一位有关无关的青春记忆。身旁的与会者，有人麻木不仁，有人泪流满面。

参会的人鲜明地站成了两个阵营：

一面等待奇迹发生，一面看着笑话莅临。

一面等待雷老大手上的那个天工之物，一面等待着发微博谩骂雷布斯的抄袭之功。

如果时间可以回头，这一刻像极了1995年乔布斯生前接受采访的那段VCR引言：

“向那些疯狂的家伙致敬！他们特立独行，他们桀骜不驯，他们惹是生非，他们格格不入，他们用与众不同的眼光看待世界。他们不喜欢墨守成规，他们不愿安于现状”“你可以赞美他们，引用他们，反对他们，质疑他们，颂扬他们或者诋毁他们。但唯独不能漠视他们，因为他们改变了事物，他们推动人类向前发展”。

发布会开始，雷军一身牛仔、米字黑上衣出现在主讲台的聚光灯下，一块钢板的艺术之旅正式拉开帷幕。雷军操着一口浓重的湖北口音，开始了第一声问候，三个外界关注的疑问将在这里解开。小米4的发布会？小米手环？MIUI6？雷军的口才的确不怎么样，但雷军情商极高，他还是做了一个不太艰难的决定：没有找相声演员去讲这场盛大的发布会，还是亲自操刀。

毕竟这一场发布会太沉甸甸了，几千万米粉的期待，18 个月的锻造磨砺，上下游产业链几十亿的联动。

伴随掌声和起哄，谜题一个个解开：

小米 4 的发布：

硬件配置方面，米 4 内置高通骁龙 801 四核处理器，配备 3GBRAM，拥有 16GB 和 64GB 两个内存容量版本。

系统方面并没有搭载盛传的 MIUIV6，MIUIV6 的发布时间是在一个月后的 8 月 16 日，支持 4G。

外形，米 4 采用不锈钢金属边框，和发布会之前的一块钢板邀请函一致，该机的背部采用光栅纹模内转移技术的塑料后盖，重量为 149 克。雷军形容小米 4 的手感是："这手感，真 TM 好！"

售价依然是 1999 元起。

小米手机 4 的售价依然保持着传统，16GB 版本售价为 1999 元，而 32GB 版的售价为 2499 元。

小米手机 4 于 7 月 29 日上市联通版，8 月上市电信版，9 月上市移动版。同时雷军也表示，小米将在两个月内为用户提供 100 万台手机。

小米手环：

免密码手机解锁；运动及睡眠状态自动监测；智能闹钟无痛唤醒；超长待机 30 天让你忽略充电那些事儿；来电提醒，不错过 TA 的每一次召唤；TPSiv 顶级亲肤材质；多彩可更换腕带，激光镭雕，该功能支持所有蓝牙 4.0+Android4.4 的手机哦！售价 79 元。

小米熟了！

“让每个人都能享受科技的乐趣。”

这句愿景是雷军的最后一页 PPT。

发布会结束，人流散去。

4 年，对于小米是到了交毕业论文，领毕业证的时间了。

看看这个时候，小米提交的成绩单：

2010 年 4 月小米科技成立以来，红米手机销量 1800 万台，红米 NOTE 销量 356 万台，小米 3 手机销量 1050 万台，小米 2 手机 1740 万台。来自友盟数据：安卓手机活跃度前十名中，小米机型占据 5 个席位。MIUI 截至当前拥有 6500 万激活用户，已经连续升级 197 周。2014 年上半年，小米销售 2611 万台手机，增长 271%，含税销售额 330 亿元，增长 149%。小米投资的公共 Wi-Fi 解决方案厂商——迈外迪，服务 1000 万用户（250 万是小米用户）。MIUI 已经识别超过 1000 万个电话号码，超过 10 亿次 50% 的陌生通话被识别，60% 的电话号码由小米投资的电话帮服务提供。小米 2014 年上半年已经向开发者分发 1.4 亿元。

这是个最好的时代，也是个最坏的时代。

米粉用鲜花把小米簇拥成最美的世界，米黑用臭鸡蛋把小米打得面目全非。

到底是小米改变了世界，还是世界改变了小米？没有人说得清楚！

我们要做的只是静静地，静静地，等风来……

北辰点评：

毋庸置疑，小米是最接近苹果的公司，而苹果现在在移动互联网

是什么地位，市值见真章。

截至当前，苹果市值 5899.32 亿美元，移动互联网时代第一大市值企业。

而根据当前小米的高成长性和软硬件服务兼施的生态战略，跻身中国乃至世界科技企业前三未必不可。可以说，小米是未来移动互联网最大的 X 因素。

● 360 篇：360 周鸿祎的内部信

2014 年第二季度，360 董事长周鸿祎一信激起千层浪，而该信被誉为 360 未来战略的指南。

周鸿祎致 360 全体员工的内部信全文：

360 从一个安全厂商快速成长为中国互联网举足轻重的一支力量，而 360 的发展方向直接影响未来移动互联网的走向。周鸿祎在 2014 年前半年闭关思考，而他出关后的第一封内部公开信，则指引前行之路。

世界上最缺的是看得远的人，是干实事的人，世界上最不缺的就是评论家。现在互联网里面就有不少评论家，说 360 在移动互联网上落后了，因为 360 没有像 BAT 一样大举进军 O2O，进军互联网金融，也没有像它们一样一掷千金地大规模收购。有的甚至写文章说，周鸿祎老了。

不管这些文章出自什么目的，但我在这里需要提醒 360 的诸位同事，我们不要像这些评论家一样，盲目地把 360 看成一个互联网巨头。从时间上讲，我们的历史比人家短一半，我们做了 8 年，它们已经做了16年。从体量上讲，阿里和腾讯都是市值过千亿美元的公司，是我们的十倍以上。从收入来讲，我们与互联网巨头也差着十倍。所以，虽然外界和投资者对我们的未来看好，希望我们能成为跟BAT一样规模的公司，但我们需要有自知之明，因为在激烈复杂的竞争环境中，只有有自知之明，我们才能制定出适合自己生存和发展的竞争策略。

所以，我们在做任何动作的时候，都要去问自己几个问题：第一，我们有这样的核心竞争力吗？第二，我们有这样的体量、有这样的资源吗？第三，符合我们的价值观吗？

什么是核心竞争力？举个例子，腾讯做了这么多年的互联网，它在搜索、电商和安全上都非常不成功。它干了十年搜索，赔了很多钱，但是搜索份额一点儿没增长，最后抛给了搜狗。在电商上，腾讯做了易讯、拍拍，最后打包抛给了刘强东。在安全上，它花费巨资打造的腾讯电脑管家在XP挑战赛上不到42秒即被黑客攻破，而360安全卫士保持不破。在国外的评测中，腾讯电脑管家只挡住了18.25%的漏洞攻击，360安全卫士是100%拦截。

做电商不行，做搜索不行，做安全不行，但是腾讯的即时通信、SNS在全球都做得最大、最强，因为这是腾讯的基因。所以，我们干任何事，都要想清楚自己的核心竞争力是什么，是不是自己的基因。如果我是海里的一条鲨鱼，那我就应该把这个鲨鱼做得最好，不一定非要羡慕陆地上的狮子。如果鲨鱼非要到陆地上跟狮子拼一下，那鲨鱼肯定就要完蛋。

那360的核心竞争力是什么？是安全。在大数据时代来临的时候，安全作为大数据的基础设施，会变得越来越重要。

现在是移动互联网 1.0 阶段，标志是接入设备是智能手机和平板电脑。在 1.0 阶段，大家已经看到安全的重要性。两大巨头为了支付打架，一个巨头推动制造舆论说另一巨头的支付不安全。现在出现了一个新的黑色产业，你换手机的时候，把旧手机恢复到出厂默认，甚至把手机格式化了，以为把资料删除干净了。但这些不法分子可以把你丢弃的旧手机里所有的短信、通信录、APP，甚至你的浏览记录、照片都恢复出来。在移动互联网时代，手机会成为非常个人化的设备，每个人的隐私会与手机紧密相关。在 1.0 的时代，安全是一个非常重要的事。

下一代的移动互联网，即 2.0 时代，互联网设备不仅是手机，也不再是电脑和平板，而是无处不在，任何设备，随时随地联网，前提条件是它们会把你产生的数据传到云端，这就面临着数据安全的问题。谁敢说在未来，黑客不会通过控制云端来控制你的设备？谁敢说黑客不会通过软件漏洞来控制你的自动驾驶汽车？所以，网络和现实的界限随着移动互联网的发展，随着可穿戴设备、智能硬件的发展，会变得越来越含糊。在这样的情况下，安全会变得越来越重要。

前一段时间，中国一家著名大型企业的系统被外国政府机构入侵，连 CEO 的电子邮件都被暗中监控。未来，国家之间的战争可能主要以网络战的形式存在，全世界跨国公司的竞争可能会发展到使用入侵网络的方式获取商业情报。大数据时代，企业的安全也会变得越来越重要。美国一个叫 Target 的大零售商，服务器被攻破，导致很多用户信用卡资料泄露。中国的电商暴露出来的安全问题更多，数据传输、存储没有统一的安全规范，甚至记录了不该记录的消费者信用卡信息。

你会发现，这还是被暴露出来的问题。很多企业被黑客入侵了，自己还不知道，或者知道了不敢对外声张。

我前段时间“闭关”思考，结论就是我们要把安全这件事，做得更深、更透，我们要做的，就是把我们擅长的安全做到极致。在大数据时代，我们不仅要解决消费者的安全问题，还要解决企业的安全问题。

我们不追逐最热门的东西，因为中国互联网从来不缺热点，每年都有在风口浪尖上的弄潮儿。比如前一段时间，互联网金融喧嚣了一阵子，大家都在卖基金。但我们没有跟进，因为我觉得那个无非是利用流量挣点钱，但是能给360的核心竞争力带来什么好处吗？我没看到。

很多人说360跟其他互联网公司不一样。是的，因为360有不一样的价值观，这个价值观决定着360要成为什么样的企业。中国的三大互联网公司都可以叫作企业帝国，所谓帝国梦想就是希望做成全产品、全系列、全业务，说白了，就是多元化。中国互联网就这么多用户，空间就这么大，每个企业都追求全产业链，于是冲突越来越多，火拼越来越激烈。

互联网巨头的并购，在资金规模上已经赶上硅谷，但是你会发现，除了追求全产业链，它们更多的是对已有的、业已被证明的商业模式的收购，是一个站在现在看过去的思路。它们评估这些项目，更多的是看这些项目已经有什么样的地盘。我觉得，360想要做的事情，跟它们有点不太一样。我希望能多做一些属于未来的事。

我认为，在任何社会的产业形态中，都是有分工的，不应该是由一家企业全包揽。而我们要做的：第一是在自己擅长的领域保持做到No.1，做到最好。第二是保持对世界的好奇，能够不断地去做出一些创新的东西，甚至是一些看起来不一定有什么商业价值，但是很好玩、很酷的东西。简单地说，安全是互联网时代每个人、每个企业都需要的，那360要把安全问题真正解决好，要克制住很多诱惑，很多热闹的事不要跟着插一杠子，不要做得四处出击，那样什么都收获不到。

有人怀疑说，在大数据时代追求极致的安全，360到底能创造多大的商业价值？这样的话以前也有人说过。360查杀流氓软件，被同行打得抬不起头来；360做免费杀毒，被别人天天说是骗局，必将失败。360之所以能够活到现在，是因为给用户解决了问题，创造了用户价值。

先有用户价值，才会有商业价值。今天360百亿美元的市值就是建立在巨大的用户价值基础上的，大数据时代的安全能创造多大的商业价值？

我相信它只会更多。

北辰点评：

360专注安全，看似无称霸之心，实则是看中未来移动互联网庞大的安全市场。企业级应用、移动安全、智能化，是360未来的三个重要方向。而作为天使投资人的周鸿祎投资领域涵盖社交、游戏、智能硬件等。如今坐拥120亿美元市值、6000员工的360，在移动互联网领域拥有搜索、安全卫士、手机助手等多款亿级用户产品。在移动互联网时代，360是最不容小觑的玩家！没有之一！

而五强在列的情况，意味着不是统治而是制衡，互联网的十年演变，开放平台成为五大豪强的共识。几个超级豪强的存在，意味着秩序和稳定。在稳定的移动互联网时代格局下意味着更多的机会和创新，渠道将变得不那么重要，内容和价值生产将在大开放平台策略下赢得发展机会。

在建设平台方面，可能不是创业者的方面，而在移动互联网时代涌现的垂直细分领域，则浮现出几个甚至几十个千亿级的市场，足够让创业者享受一场豪华的移动盛宴。

而先行的创业者已经开始掌握先机。在移动互联网时代的媒体超级新秀如今日头条，女性垂直细分领域APP如大姨妈，打车软件如易到用车。

这些企业是真真正正的移动互联网企业，它们脱胎于移动互联网土壤中，初创于2010年后，它们可能很小，100～200人的规模。但它们在短短几年，规模、成长速度超乎想象，它们拥有无穷的爆发力和用不完的潜能。

它们小步快跑，它们快速迭代，它们善于运用资本助推的力量，它们习惯在手机的方寸之间掌控世界，它们来自同一个时代，它们代表未来，它们背后有一个共同的名字：

移动互联网时代！

移动互联网如空气般无所不在，似乎捉摸不定，但又似乎沿着既定的脉络操控着这个世界的发展。而大道化简，不管新技术如何发展，人类的生活一直按着几个既定的轨道发展：

它们分别是社交、媒体、搜索、安全、金融、游戏。

它们既是人类的天性，也是人类的未来，它们在有形、无形中引领着人类走向更加宽广的世界……

让我们一起解开这些华丽的章节，一起探索移动互联网时代全新的世界……

第二章

移动互联网时代——新社交

微信从 0 到 5000 万仅用了半年不到的时间，如果说 QQ 接管了互联网的第一个十年，那么微信的出生注定伟大，移动互联网的本质是什么？就是连接一切。而微信把人和人的连接囊入怀中，谋划着 21 世纪的第二个十年！

微信改变一切?

Wetchat is everything？

朋友圈里一位媒体圈大佬分享了一个“智能手环”，点进去，一个漂亮的单页，选了自己本月的幸运色黄色，点击购买，填写收货地址，微信支付。不到120秒，微信上完成了一个完整的移动电商。

三天后收到货，与同事美国采购的智能手环从外观设计上已经弱了一截，好歹也是智能穿戴，就这样一只脚迈进了第三个境界。(按某名家说法：智能时代四个阶段，PC智能设备、移动智能设备、穿戴智能设备、植入性穿戴设备)，植入性穿戴设备有点恐怖，但仍抱有期待。朋友圈分享到手的新设备，两个小时收齐了32个赞。

准备去五道口五星级酒店会见一个业界好友，打开微信服务号我抛出10元优惠的打车软件，10分钟后，出租车停在公司楼下，准点出发。

以上场景不管你是否熟悉，是否经历过，微信都在悄悄搞定我们的生活。

走进地铁，拿出手机，几次滑动，开始清理不常用的APP，只剩微信。悄然发现，生活品质一点儿都没有降低。

微信真的可以搞定一切？不着急回答这个问题。

我们做个有趣的调查：

（1）最近一周你是否使用微信搜索附近的人？

（2）最近三天你是否刻意用关键词搜索微信公众号？

（3）最近 10 分钟你是否刷新你的朋友圈？

如果你的回答是三个 YES 的话，恭喜，不过这也不代表什么，只能说你已晋级到“微信控”行列。

得到 2 个 YES 及以上的继续看这里：

（4）最近一周你是否使用过微信的打车服务？

（5）最近一月你是否有微信的购物体验？

（6）2014 今年春节你抢微信红包了吗？

得到六个 YES 的朋友，恭喜！你已经超越中国 82.63% 的用户，成为名副其实的“微信达人”。

答案好像还没有出来，微信是否可以搞定一切？

其实我也没有答案。伴随着理财通、大众点评入驻微信，腾讯、京东联姻。

对微信的未来我们有了更多的猜想，同时也带来了好友相见各刷朋友圈的冷漠和尴尬。

其实，这个世界没有谁搞定谁，就像我签名档的文字：文字比的不是强，而是弱，弱弱的真，短暂的真，嚣张的真。

科技从来都不是来搞定人的。人所要做的是，回归真实，体会科技变革给生活带来的每一寸美好。

你说呢？

FACEBOOK 的星球计划

Facebook 创始人马克·扎克伯格（Mark Zuckerberg），早在 2013 年 10 月就对外放出豪言，Facebook 社交网站活跃用户突破 10 亿大关，更值得关注的是这 10 亿的活跃用户中，有 6 亿用户来自移动平台。Facebook 是不折不扣的全球最大的移动社交平台，而这一数字现在还在疯狂地增加，且不包括拥有全球最大人口的国家——中国。这一数字是指平均每月至少登录一次的用户，这相当于全球每七个人当中就有一人拥有 Facebook 账户并经常登录。

为了庆祝这个特别的日子，Facebook 公布了第一部广告。这段一分半钟的影片，以“椅子”的概念形容 Facebook 的角色，因为它提供了一个舒适的地点，能让人们休息、聚会、聊天、讲笑话、分享生活，并让人类建立更紧密的连接。

更需要注意的是，Facebook 用户的平均年龄趋于年轻化。在 2007 年，Facebook 的用户平均年龄还是 26 岁，2010 年活跃用户数量达到 5 亿时，平均年龄降为 23 岁，如今已降至 22 岁。22 岁的用户是什么概念？ 22 岁的用户出生于 1992 年前后，这批 90 后用户是纯正的移动互联网时代的原生人类，他们一出生就见证了科技带来的变革，要知道 YAHOO 和亚马逊就成立于 1994 年前后。

而 Facebook 未来毫无疑问是全球最大的移动互联网企业，因为它的用户实在是太多太多了，这个神奇的网络已经模糊了国家、模糊了国界、模糊了民族、模糊了皮肤的颜色，因为他们只有一个名字：Facebook 的用户。

或许哪天两个好友见面的问候语不再是："你好，我叫李雷，我来自美国。"

"你好，我叫张三，我来自中国。"

而是"我见过你，我们都在Facebook"。

Facebook俨然成了一个强大的帝国，因为它连接的是人与人的关系。

而它的野心不仅在此，因为它缺失了中国的13亿用户。

而这对于国内社交网络来说是个机会，为什么全球最强大的社交网络来自美国，为什么不可以来自中国？我们需要一张来自中国，覆盖全世界的社交网络。

这不仅仅是个梦想，而是我们这个时代的使命！

"在未来五年至十年里，问题不再是我们的用户数量达到20亿或30亿。更大的问题是，我们还能提供什么样的服务，如何更有效地利用用户的共享信息，我认为，这才是真正的创新。"扎克伯格说道，"若Facebook想达到20亿用户，它一定得进入中国市场。"美联社报道分析称，全世界有四分之一的网络用户都在中国，Facebook不得不接受这一挑战。此外，超过一半的Facebook使用者是通过移动平台，Facebook必须开发出移动平台特有的盈利模式。

据市场研究机构eMarketer估计，2012年，Facebook的总收入可达到50亿美元，但来自移动平台的收入仅为7300万美元。

Facebook还推出了一项新的功能，开放网友付费"宣传"自己的贴文，先在新西兰试行，未来将推行到其他各国。新西兰网友的网页，贴文下方除了"赞""留言""分享"的选项之外，还多了一个"Promote"（付费宣传）功能可供点选，可使自己的贴文尽量置顶，不至于被其他贴文盖过，也让朋友看到的概率更大。

Facebook 表示，一般贴文被朋友注意的概率约为 27%，而付费把贴文放在较显著的地位，可让 73% 的“粉丝”看到贴文，互动效果更好。Facebook 尚未公布确切的收费方式，但媒体报道称，未来在美国市场的推广费用为 7 美元。

微博的社交商务生态

Facebook 创始人扎克伯格称：未来，移动互联网的引爆点是社交化电商平台，更多实体店将仅成为展厅。

扎克伯格所说的未来即将到来，2014 年 6 月，微博就对外宣布将于本月月底全站开放微博支付，无论企业商户还是个人账号都能提交申请，审批通过后即可接入微博支付。

截至 2014 年 3 月的数据，微博月活跃用户 1.438 亿，日活跃用户 6660 万，是中国活跃度最高的社交媒体。微博上有超过 8 万个政府机构和官员的微博账号、70 多万个个人认证账号和 40 多万家企业认证账号。

微博于 2014 年 6 月底全面开通微博支付的同时，也意味着微博将成为中国最大社交商务平台！而微博支付的全面开通看似是不经意之举，实则是微博步步为营、蓄谋已久的战略布局。

早在微博上市之前，微博的微博用户实名认证、微博信用系统、微博会员体系、微博数据挖掘系统等基础设施已经按部就班地进行。

而不像市场出身的 CEO 风林火山般的一系列大动作，互联网上人称曹会计的新浪掌门人曹国伟精打细算，步步为营。

而万事俱备，只欠东风，微博支付全面开通，支付环节跑通，微博将完成华丽转身，微博不再是大众吐槽、八卦的集市，而将变身最具价值的社交商务平台！

6 月底之后，微博的玩法将彻底改变，给大众带来的不仅仅是信息资讯，而是真正为大众生活带来极具价值的大型综合类社交商务平台。

普通用户、企业商户、明星名人、行业意见领袖、自媒体人，都能显而易见地感受到微博以下几点巨大变化：

一、微博完成商业闭关 营销效率整体提升

传统微博购买流程中，支付环节需要跳转至第三方网站，这种交易流程在页面间来回跳转，使消费者在线购物的消费体验极差。对于广告主来说用户大量流失，一半以上的广告费是浪费掉的，而且在交易流程中，没有交互分享，没有完善的售后与服务机制。

而完成微博支付闭关之后，支付瓶颈将全面被突破。从微博官方拿到的测试数据显示，用户对微博支付的接受度很高，微博支付的成交转化率大幅提升，较之前交易外跳的成交效果提升了 3 ～ 4 倍。

对于企业商务，微博支付打通了微博社交商务生态闭环，在营销效率上将得到极大提升。据微博官方透露：今后，企业和商户在微博上不仅可以发布信息，通过互动打造品牌，还可以直接销售商品，为粉丝提供完善的服务。

微博官方的程昱表示，微博支付的全站开放，将不局限于以往具有经营执照的企事业单位认证账号和普通实名认证的个人账号，所有微博注册用户都可以申请接入，届时微博上的个人和企业账号都将具备收款和交易的能力。

而在这样开放环境下的微博新玩法，对于机构和个人，将具有极大的想象和操作空间。

二、微博将成最大创业孵化基地

除了企业商户，明星、名人以及各个行业的意见领袖都能玩转粉丝经济，自媒体也可以通过接入支付工具探寻出更多的变现方式，同时微博还将在个人电商创业、二手商品交易等方面展现出强大潜力。

在微博媒体沟通会上，微博内部人员向笔者展示了微博如何通过授权接入第三方电商应用，在短短几秒钟时间内完成后台商品的编辑、发布、上架、支付、成交等一个完整交易流程。

移动互联网时代，每个人都将是一个独立的个人魅力体，每个人都将拥有自己的粉丝团。

微博本身就是一个天然的信息流、人流集散地，在完成了微博支付闭关之后，个人电商创业者几乎可以零成本地通过微博进行自己的粉丝经营和电商交易。

明星和自媒体可以通过自身的影响力和粉丝基础，开展极具想象力的活动。毕竟商业是服务和粉丝互动的基础，再依托微博平台更加健全的商业基础环境，此类活动将更具想象力。

未来可能产生类似曲别针换别墅此类更加传奇的商业故事。

三、微博将实现全景化社交商务生活

随着微博支付的开放，微博正在全力打造更加丰富的全景化社交商务场景。用户不仅可以获取资讯，还可以订酒店、买机票、筹备出行、购买明星演唱会门票、私人定制更加丰富的服务。每个微博账户背后都将成为一个服务商。

而在微博前期的内部测试中，部分明星企业已经在微博社交商务化方面走在了前面：小米、乐视、roseonly 花店、野兽派花店、雕爷牛腩、黄太吉、褚橙等全新品牌，通过全新的微博营销不断刷新一个又一个商业数据。

按照计划，除了支付和已经全面开放的粉丝通、粉丝头条等微博商业产品外，微博还将在近期全面开放粉丝服务平台，以此帮助用户提升营销效率，实现微博营销价值最大化。届时，将有更多的商业品牌在微博上脱颖而出。

微博将进一步发挥自身社交媒体和关系属性优势，做好用户平台、接入环境和闭环体系。为了确保生态的健康和平衡，微博将与客户及第三方寻求共赢，不挤压第三方生存空间，尊重商业社会多元化多业态本质，尊重合作伙伴本身的业务逻辑和流程体验。

而对于移动互联网时代的创业者，微博对那些有较强开发能力的第三方将给予资源扶植，以实现更多丰富化、多元化的社交商务服务场景。

但需要留意的是，在微博快速商业化的过程中，用户体验是决胜

的关键，只有在不断完善 PC 和移动端用户交互体验的情况下，微博的商业化进程方能取得长久、稳健、快速的发展。

北辰点评：

移动互联网时代的社交商业将是最大趋势，而微博只是其中一个先行者而已，未来的移动互联网网络一定是社会生活的移动化、网络化。人们可以通过社交网络分享生活，参与社交，开展商业。而这个生态正在完善，这也是所有创业者的机会所在！

洗白的陌陌

陌陌是个神奇的社交软件，没有之一。

陌陌“总有新奇在身边”的系列品牌广告开始出现在北京地铁等人流量密集的地方，从约炮神器一战成名的陌陌遭遇转型之痛，因为陌陌主攻陌生人社交，而微信主攻熟人社交。

从陌陌到微信是一句笑话，其中潜藏了陌陌多少的无奈与泪水。一旦用户在陌陌中成为好友，即马上互相交换微信号，开始进入熟人交往模式。

而陌陌此次的品牌重塑势在必行！

截至 2014 年 4 月，陌陌注册用户达 1.2 亿，日活跃用户 1900 万。而陌陌的初始定位抓住社交痛点，移动互联网口碑的三个禅理：贪嗔痴。而政策是最大的不确定因素，在国家密集的净网行动下，陌陌的转型是前路未明，不转型就是等死。就算用户量全国第一，也只是下一个快播罢了！

而移动互联网时代的社交网络足够大，不要说陌陌，就是容下10个微信也不是问题，问题在于社交软件如何实现足够多的差异化和关系细分管理。PC上网有QQ，移动聊天有微信，淘宝谈生意，做买卖有阿里旺旺，人人聊学妹有人人桌面，微博吐槽有微博私信。

关键在于陌陌的下一站方向是哪里？

如果说兴趣社交只是个开始，那陌陌想在此基础之上的真正意图莫过于打通线上、线下的群组关系。早在2012年年底，陌陌在产品功能上就已增加群组功能，随后，“附近活动”“附近留言”陆续出现在更新的版本中，再加上“陌陌吧”这一与豆瓣小组极其类似的板块，陌陌越来越像是一个移动版的豆瓣。

而谈到移动互联网技术，就不得不提一项技术，那就是LBS，基于地理位置的服务。陌陌在LBS方面是先行者，其在地理位置技术上的优势，为组织线下活动带来了明显的优势和便利。陌陌对“附近人”的依赖，使其很难摆脱狭隘的地域限制，相比豆瓣上哪怕“我在城市的最北端也愿意不辞辛苦与你相聚”，陌陌的线下活动更像是一种速食文化，甚至贴上“急功近利”的标签都不为过。真正的兴趣，是与距离无关的。除了地理位置的精准，陌陌还有什么超越豆瓣与百度贴吧的创新呢？

微信之所以能成为移动社交领域的霸主，很大一部分原因是借助了QQ用户和手机通讯录的导入功能，继而主打熟人社交，甚至把一部分从来不用QQ的用户笼络到微信的社交平台之上。

从此微信一骑绝尘，在产品上拥有坚不可摧的根系：加强了移动社交关系。这一点在即时通信市场上显得尤为重要，因为用户属性就可以决定产品的命运走向。马云亲自指挥，投入大量人力资源，来往为什么始终处于一个不温不火的境地？根源在于没有牢固的熟人关系，缺乏强大的用户导入。即使用户为了得到五块钱的红包走进来试着体验，结果环顾四下，无人可聊，这种举目四望心野苍苍的境地实际上是很凄凉的，宛如到达一个陌生的城市举目无亲，而这就是体验，移动互联网时代的体验。就算是找到强大小伙伴电信运营商的易信，在移动端已被微信熟人套牢的局面下，依旧无法破局！

2014年5月，微信的群组功能上线，用户可通过QQ或微信号登录后建群组，建立基于位置或兴趣的群组，可以直接导入QQ或微信的好友入群，也可以邀请附近的人入群。

回到产品诉求，QQ和微信已涵盖大部分社交功能，唯独缺失的一块是什么？就是兴趣社交。而兴趣社交的落地，群组是最好的工具。而从陌陌的对外广告输出内容看，陌陌恰从这一点刚需切入，直接击中年轻人的内心。如果说微信和陌陌不是一个重量级的两大对手，那么陌陌在自身领域，兴趣社交无疑是最大的“撒手锏”。基于地理位置的强社交，意味着线上、线下更多地融合。再说得高大上一点儿，这就是O2O嘛。线上聚集，线下聚会。

这恐怕是陌陌最好的突围之路，也是最大的一次机会所在……

而在大佬围城的红海社交领域，陌陌能杀出重围，不得不说是一个奇迹……

这也给更多创业者以更多的启示与动力！

来往的转型之路

艾瑞咨询《2014年中国移动社交应用市场研究报告》分析称，根据社交目的分类，移动社交可以分为兴趣社交、陌生人社交、熟人社交。熟人社交都从PC端开始发展，现有社交形态较为成熟，而陌生人社交和兴趣社交则是新兴的社交形式，更具有移动端特色。其中，兴趣社交由于基于特定的兴趣爱好形成的特定社区，结交志同道合的好友，这在移动端形式中将表现得更为多样，在未来也更有延展性。

来往是阿里巴巴推出的一款跨平台的即时通信工具，可以进行免费的语音、短信聊天，提供阅后即焚、手写涂鸦、扎堆、有声动态表情等好玩有趣的功能，帮助我们认识有同样兴趣的陌生人。

而作为马云亲自站台，重磅强推的社交应用，来往身负重任，却令人大失所望。

在微信深耕多年的社交领域，来往完全迷失，占不到任何便宜。

而当腾讯入股京东，大举杀入阿里巴巴腹地，社交又是阿里不得不战的围魏救赵，不容有失。

正面交锋无法撼动微信，那么侧面进攻呢？

雄心勃勃的马云不会善罢甘休，于是有了来往的巧袭，本地兴趣社交——来往扎堆。

2014年7月，阿里来往在深圳正式启动首个同城扎堆。

同城扎堆，组织来往扎堆上同城的用户到线下进行相亲、旅行、聚会、交友、健身等活动，实质是做本地化兴趣社交的线上和线下融合。而在北京、上海、广州、杭州等20个城市的同城扎堆将陆续启动。

来往的这一策略避实就虚，作为线上的老大微信，线下恰恰是其薄弱环节。而依靠电商起家的阿里，线下则更容易聚合资源。

一反往常，来往高举高打的思路，模仿了微信。马云亲自披挂上阵，号召发起全民战争、打起人海战术。但因其与微信功能相似定位相仿，让来往步履蹒跚。这一现状也是易信、米聊等同类社交产品遇到的问题所在。

尽管易信官方高调对外宣布：用户数已突破 1 亿，但不少人对这一数据均持保留态度。显而易见，没有谁能够复制微信。而反观 3 月以后的来往动作频频，马云先是换掉了来往负责人，而后对未来的发展战略做了巨大的调整。来往不再担当在移动端复制下一个微信的任务，而是做好支付宝钱包和手机淘宝的生态补充，同城扎堆的尝试正是来往转型的体现。弱化沟通、强化社交，弱化熟人、强化兴趣，弱化线上、强调线下的策略让它成为阿里社交化最接地气的应用。

阿里也对外宣布同城扎堆将作为来往的主打方向，在全国各处城市的同城扎堆结合本地实际以不同形式实现，将实现常态化运转。

社交一直是阿里巴巴集团梦寐以求的资产。从发布阿里旺旺到战略投资蘑菇街、新浪微博和陌陌、力推来往均是在加强社交方面的布局。尤其是蘑菇街、美丽说这类导购社区，为阿里带去大量真金白银买不到的珍贵精准流量，马云更是对其不断加高护城河，投资蘑菇街的同时自己也开始尝试做导购分享社区。

社交化可以帮助手机淘宝、支付宝钱包和淘点点这些阿里旗下的重要资产充分地流动起来，更好地实现内容生产、圈子互动、活跃提升、用户沉淀，让其在移动互联网时代的道路走得更加顺畅。另一方面，社交一直是阿里的短板，阿里一直在谋求社交能力的强化，以期能通过社交网络帮助其降低用户获取成本，提升平台黏性，强化社交商务平台生态圈。

扎堆现在虽然是来往的主要功能，但可以预见将来这一社交产品有脱离来往独立运作的可能，与阿里系其他业务进行深度的融合。

扎堆还可以与阿里投资的新浪微博、陌陌、虾米等平台实现更好的融合，形成平台间的联动效应。

本地兴趣社交的竞争日趋激烈，来往扎堆想要转型本地兴趣社交并不会一路畅通无阻。在这里早已横亘强大的竞争对手，本书上文提到的陌陌便是本地兴趣社交的重要玩家。

这一发家于 LBS 陌生人社交的“约炮”工具，在经过几年进化之后已经成功洗白，转型本地兴趣社交平台，最重要的功能包括附近的活动、陌陌小组和陌陌吧。与来往不同的是，陌陌的 O2O 社交更多是用户自发组织，而非像来往一样官方牵头。

扎堆官方组织活动的运营方式，是一种多重运营模式，这种模式的弊端是阿里需要付出更多的运营成本，包括人力、资源等。且该模式难以实现规模化复制。

来往同城扎堆的逻辑是，做一个 O2O 的本地兴趣社交平台。通过与商家合作的线下聚会，商家借此扩大品牌影响力，来往用户成为线下企业的新粉丝。来往同城扎堆希望通过从线上、线下打通的交友方式，为都市白领提供更为广泛、面对面的交友平台，从而扩大日常生活交际圈，未来甚至可以开展相亲交友、旅行团组织和健身运动的导流业务。

目前，来往同城扎堆人数规模已高达100万，且正在高速增长，如果来往同城用户数到达千万级别甚至更高，阿里本地社交业务就会成功了一半。从玩法来看，来往更多是想传递来往具备的本地社交这一潜质，以及营造来往扎堆网友到线下见面的氛围，但最终要将来往扎堆活动常态化，还是要依托用户的自发力量，形成官方引导，民间组织、参与的理性生态。

而起于用户，终于用户，也是移动互联网时代社交玩法的核心所在！

匿名社交软件

微博把陌生人变成了粉丝与微博主之间的弱关系，如果可以称得上是半个熟人的话，微信让熟人之间更加熟悉，而无秘等匿名社交产品，则让熟人再次“隐身”为陌生人。

这是一个很有趣的循环，任何天才的编剧也写不出这样的剧本，而这样的故事和产品却实实在在地发生在今天的移动互联网时代。神秘而强大的移动互联网让这一切成为现实，并且让每个人都参与其中，感受任何一款社交产品带来的乐趣。

这就是移动互联网时代像病毒一般疯狂在这个世界蔓延的核心原因：参与感！

重新回到匿名社交产品本身，匿名社交产品的火爆，折射出的是移动互联网时代下，人们旺盛的交流欲望和猎奇心态，也让外界产生了各种隐忧。靠爆料和匿名八卦，能让用户停留多久？这类产品到底有多少价值？如何实现商业化运作？不过，对于创业者来说，这些都不是问题，因为他们坚信“在移动互联网的世界，有了用户，有了流量，商业模式自然不是问题”。

无秘的蹿红，迅速点燃了中国匿名社交市场，目前市场上出现了超过20款匿名社交产品。创业狂欢之下，争议随之而来：支持者认为，匿名社交会是下一块平台级市场；怀疑者认为，匿名社交产品难以形成持久的黏性，加上“负能量”的内容，可能会成为这个行业沦陷的不定时炸弹。

支持者和反对者旗帜鲜明地站成两个阵营，各执一词，针锋相对！

目前几乎所有的创业者几乎一致认定，属于蓝海行业的匿名社交领域，其竞争已快速激变成红海，基于社交产品的行业高集中度的天然特性，接下来必将经历一轮行业洗牌。对于外界关注的后续商业模式和盈利问题，这些创业者都相信一点：只要有足够的用户量，商业模式是水到渠成之事。

无秘这款基于手机通讯录的熟人匿名社交软件，用户下载之后，可以看到用户的通讯录好友以及好友的好友在上面的吐槽和爆料，和Facebook、QQ等实名社交产品不同的是，无秘是一款完全匿名的产品，整个APP界面上都没有任何可以识别作者的方式，所有的无秘或评论都不带作者名字、头像，每条无秘下的评论会随机分配头像。

在产品设计上，为了保证信息的绝对安全，防止极端用户通过删减对比通讯录的手段“排查”出爆料人的身份，无秘采用了“消除痕迹（即删除所发布的内容）”和引入少量非好友信息的手段来降低风险。

借助社交网站的传播便利性，无秘迅速在网络世界蹿红。无秘的火爆，也导致各种匿名社交软件如雨后春笋般涌现，啪啪团队的“乌鸦”、大街网的“吐司”、YY的“秘密圈”、原啪啪团队做的“呵呵”等。

据悉，目前市面上的匿名社交APP数量已超过20款。2014年5月以来，至少有八款匿名社交产品推出。

在同类产品涌现的背景下，竞争者们开始寻求细分化切入，以实现差异化生存。比如脉脉是一款基于人脉关系链的职场社交应用，“职场八卦”是其中的一个子栏目，此栏目可以让用户在匿名状态下发布信息，对公司老板、行业内幕进行点评和爆料，而无须承担风险和责任。吐司推出主题不同的爆料合辑精选，无秘则在微信公众账户中推出“召开发布会”的功能，允许用户提问，好友可以匿名回答。

值得注意的是，中国匿名社交的复制原型主要是美国的Secret和Whisper，前者基于熟人间的匿名社交，而后者基于让陌生人之间分享隐私。

对于产品差异化、细分化切入的公司，其逻辑在于通过在细分领域扎根后，再寻找平台化扩张，属于典型的“先活后张”的思路，因为社交产品的特点就是用户量越多，黏性和活跃度越高。

换句话说，以细分化切入的相关匿名社交产品，在成长中皆面临平台化扩张的难题，可以预料的是，在平台化成长的进化中，不少产品必将被踩死在路上。

匿名社交横空出世，在极短的时间内蹿红，但很多人在用过一段时间后，猎奇心理开始淡化，活跃度迅速降低，甚至会因为里面某些恶意中伤的诋毁愤而卸载。于是，市场出现了一种较为普遍的质疑声，争论的焦点便在于匿名社交对于用户黏性的“可持续性”。

对于移动招聘和职场应用来说，最大的问题在于点开率过低，因为求职并不是高频率事件，用户黏性不够，往往使用完后便弃之不用，拉回用户的成本过高，而增加八卦功能，能够有效地提高用户的使用频率和使用习惯。因此欲通过“职场八卦”来增加用户黏性，从而打通整个职场需求的流动，形成一个较为完整的闭环，这是陌陌的商业逻辑。

值得注意的是，在职场社交公司Linkedin入华后，作为国内职场社交领域的掘金者，大街网也正在寻求转型，在不久前推出“鲜活社交”的概念，主打轻松化，年轻化的职场社交路线。之所以转型，并不意味着Linkedin这种严肃的职场社交没有市场，而是因为中国的人口基数庞大，用户对于职场社交的需求迥异，大街网需要满足的是大部分人职场社交的需求。

“美国的信息化程度较早，教育发达，Linkedin上的用户年龄结构偏大，而中国的职场主力人群是30岁左右的人，这是和美国在用户群体上的差异。”

除了这些差异，还有职场文化差异，中国并没有美国的邮件文化和party传统，随着职场年龄趋向年轻化，中国用户更倾向于通过更简单轻便的方式完成职场工作，“一件事，可能在微信上两三句话就谈成了”。

除了用户黏性的可持续性问题外，匿名社交最受人诟病之处便是内容的“负能量”问题。由于匿名的特性，内容发布者的身份信息被严格保护，有的匿名社交产品甚至引入各种手段来降低匿名者暴露的风险，但这也在某种程度上助长了负能量内容的增长势头。

无秘在社交网络上流行后，很快在内容上出现了失控的局面：大量的性话题、黄色段子以及打着爆料旗号的诋毁、诬蔑逐渐占据了信息的主流。那些被恶意中伤的当事人无处申诉，只能把怒火发泄在匿名社交产品上。

造谣毫无门槛，信息的真实性又难以辨认，再加上汹涌而来的桃色、性话题，整个匿名社交领域在用户面前呈现出一幅扭曲暴力的野蛮图景。

社交产品上内容的质量将最终成为决定用户去留的根本。目前匿名社交领域的从业者们已认识到内容端的危机，开始在每条匿名内容后都附上举报按钮。但单纯依靠用户，显然难以完成匿名社交生态中信息的自我净化。林凡告诉《每日经济新闻》的记者，陌陌的下一个版本中，将会支持实名辟谣，用户可以对某一条不实信息进行辟谣，在产品形态上，可能更接近于微博辟谣。

尽管匿名社交产品可以匿名发布信息，但在相应的法律法规上，依然有严格的规定。

《计算机信息网络国际互联网安全保护管理办法》中规定：利用社交平台对他人进行侮辱或诽谤，不构成犯罪的，应当由公安机关对其依法做出行政处罚。如情节严重，则可能构成侮辱罪或者诽谤罪。因此，即使匿名社交软件上的用户匿名，仍负有相应的责任。

熟人社交、陌生人社交、兴趣社交、匿名社交，各类社交软件各有千秋，但是它们都有一个伟大的梦想，连接一切！

连接起人与人的关系，因为移动互联网时代最大的资产就是人！

如果说互联网时代是信息时代，连接进网络获取庞大的信息是最大的快意。

那么移动互联网的对象则是人，一部智能手机相对于一个人就是一个小的数据中心。

这个数据中心是一个人映射的网络身份 ID，不管通过 Wi-Fi、3G、4G 何种上网模式与网络取得连接，一旦连接，这个人的生命就拥有了超乎一切的想象和力量。

通俗地说，移动互联网时代的手机是人类器官的延伸一点儿都不为过！

那么社交应用是什么？可以毫不夸张地说，社交应用将是人类在移动互联网时代的最重要资产。因为社交连接关系，关系主导人类在移动互联网时代所有的一切社交、商务活动。

移动互联网时代，得关系者得天下，对于移动互联网时代的社交浪潮，你准备好了吗？

第三章

移动互联网时代——媒体

移动互联网时代没有纸媒、网媒、新媒体之分，因为所有的媒体都只有一个名字：全媒体。移动互联网时代就是全媒体的时代！

社交媒体将如何发展？

上一篇刚谈过社交产品，那么作为社会化主导的媒体时代，社交媒体如何发展？

他山之石可以攻玉，一起看看海外数据，2014 年社交媒体的几大趋势：

Facebook 创始人扎克伯格，在创业之初投下的赌注获得了巨大成功。加拿大温哥华社交管理软件公司 HootSuite 执行长 Ryan Holme 指出，2011 年 7 月投入使用的图片共享社交网 Snapchat 与 Facebook 成立之初有着惊人的相似，在未来有可能成长为下一个巨头。

就像现实生活中的互动交流一样，人们一般不需要担心发生的事情被记录下来分享给好友甚至传遍整个世界。Snapchat 就是因为这种不想留下任何个人记录的需求与考虑而发明的暂时性社群活动平台，为大众提供了一个真实的、未经过滤而又不留痕迹的交流渠道。

Snapchat 使用“阅后即焚”（即内容被接收数秒后自动消失）的数据保存策略，在某种程度上重新恢复了社交媒体本应具备的趣味性和自发性。他认为，Snapchat 拥有广阔的市场应用空间。Facebook 公司首席财务官2013年年底承认，青少年使用Facebook的次数正在下降。而据坊间传言，使用Snapchat的青少年数量正在呈爆炸式增长。

社交技能现在正在成为求职招聘的硬指标之一。2013年，在招聘信息搜索引擎Indeed.com上张贴的招聘广告中，提及社交媒体使用技能的职位数量是2012年的13倍。在2014年，如果你跟不上社交新潮流，不知道怎样使用脸书和推特等，你就跟那个不知道使用电子邮件的老年人一样。

一些公司职位招聘广告要求求职者懂得如何使用社交网。不仅公司的市场、销售和客户服务部需要使用脸书和推特等社交网，研发、物流和人力资源等团队或部门也越来越多地使用Yammer等内部网络以简化操作流程。

事实上，社交产品已经发展为职场技能的重要一环，就连各大高校现在也纷纷面向不善社交的企业开设认证项目，帮助它们适应日新月异的社交媒体世界。

社交网将改变公司的客户服务模式。现在，越来越多的顾客将使用Twitter和Facebook向公司有关部门抱怨服务或产品质量，而不再使用电话。在中国，微博和微信同样承载着这样的功能。

Nielsen公司一项调查报告显示，2012年有超过一半的客户在使用社交媒体向公司索赔或抱怨客户服务。使用Twitter投诉的顾客中，81%的人希望当天就能获得公司回应。2013年9月2日，英国航空公司乘客Hasan Syed花费1000元购买推特消息全球散发，猛烈抨击这家航空公司弄丢了他的行李。

鉴于有偿社交媒体推广现已成为客户的新武器，从2014年开始，各大航空公司、信用卡公司、银行等糟糕透顶的“电话树”客户服务（比如，“英语服务请按 1，西班牙语服务请按 2，等候请按 3”——你可能整个下午都需要等待！）或将走向终结。

出于利益保护的目的，不同网页往往把各自的内容封锁在专利保护墙之内。比如，Facebook 内容通常不会显示在谷歌搜索结果之中。不过，现在这种情况正在出现变化，社交网络内容有望在 2014 年出现在谷歌等互联网搜索结果的页面。

其他的公司正在开发网络软件工具，以打破上述禁锢。例如，Twitter 搜索结果会自动出现在一个标准的谷歌搜索页面。当你搜索 Yelp 时，关于某家餐厅的最新 Twitter 消息可能会显示出来。

本地社交网广告，即那些恰好出现在你的 Twitter 和 Facebook 信息流之中的广告，在 2013 年出现爆炸式增长。无论你喜欢不喜欢，2014 年，这类专注于当地客户群的社交网广告的规模会越来越大，因为特定位置定位技术预计在今年会出现显著改进。

Twitter 在去年年底推出了一项面向特定邮政编码区域发送有偿消息的功能，现在正在推向市场。例如，当你走进一个社区，当地酒吧、干洗店和麦当劳发布的“推广消息”就会突然闪现在你的 Twitter 信息流之中。

事实上，脸书自从 2011 年以来，一直在使用这种“地理围栏”技术，让商家招揽临近的客户。顾客实际上可能也想获得提供特别优惠和特价商品的广告信息。好处：可以获得更多相关的广告和推销信息；缺点：更多的广告。

社交媒体俨然已经成为人们交流、获取信息最重要的媒介，在中国，越来越多的人获取信息的渠道不再是各大新闻门户网站和垂直媒体，而是微博和微信朋友圈。

人们更相信熟悉的朋友和关注的博主，这种基于信任的媒介形式更加高效。移动互联网时代社交媒体的价值不容忽视，不管你要找工作，找男女朋友，发现商业机会，还是产生商务交易，你都可以通过社交媒体完成这一切。现在就开始用移动互联网的思维来改造你的生活，习惯并擅长运用社交媒体来解决你生活中遇到的问题。如果你在这项技能上超过你的多位好友，你将在移动互联网时代获得更多的机会和幸运女神的眷顾！

新贵的烦恼：今日头条

移动互联网时代将产生新一批财富新贵，它们将主导移动互联网时代未来十年的发展。

这些话看似危言耸听，而你看看今日头条就知道了！以上那句话说得一点儿都没错！

因为今日头条就是最好的践行者，从默默无闻到从竞争惨烈的移动新闻阅读客户端中脱颖而出，要知道今日头条这条路上要战胜的对手有多强大？看看它的对手名单，你就知道今日头条这一路走来的坎坷和传奇。

一将名成万骨枯，今日头条必须跨过的对手中包括新浪、网易、搜狐、腾讯等上一个十年主宰了整个互联网的传奇公司。

而这一刻，就在移动互联网时代，这些巨头给今日头条让出了一条路，让今日头条今天得以出现在上亿中国人的智能手机中。这就是移动互联网的魅力，在每一个细分领域都蕴藏着巨大的机会，如果你运气好，又有实力碰巧抓住的话。

回归现实，今日头条传奇般的飞跃发展令人侧目，而它最近遇到的麻烦也不少。

今日头条得到1亿美元的风投投资的喜悦还没散去，一大批的麻烦纷至沓来，而最麻烦的事要属版权之争。

不管怎样，为他人作嫁衣裳的感觉都是很不好受的。在如此这般高歌猛进的当红炸子鸡面前，众多老牌媒体，不论门户网站或者报纸一一黯然失色。国家版权局对“今日头条网”立案调查是新媒体平台一个标志性的事件，把这么多年大家积累起来的愤怒和不满都爆发了出来。

外行人看热闹，内行人看门道。我们在跟着热点探讨今日头条的是是非非之前，首先要了解今日头条到底是一款什么样的产品，移动新闻阅读终端，还是搜索引擎？

在普通用户眼中，今日头条就是一款移动端的资讯阅读应用，可以看到自己感兴趣的新闻，与搜狐、网易等老牌新闻门户网站推出的移动新闻客户端产品大同小异。

但实际上，今日头条却是一个移动互联网时代的全新物种。

在传统的新闻客户端产品上，用户阅读到的新闻大都是经过编辑筛选的，有着很强的编辑意志在里面。而在今日头条的产品里，这种人的主观因素被最大限度地削弱。

按照今日头条创始人张一鸣的构想，今日头条本质上就是一个推荐引擎，新闻只不过是其承载的一个外壳而已，他希望自己的产品未来能够覆盖更多维度的信息，而不仅仅是狭义上的新闻而已。

对于今日头条这样的内容分发应用，除了产品本身技术层面的挑战外，更大的挑战在于要获取到足够多的原始信息，只有收集到足够多的信息，个性化地分发才可能实现。

这次今日头条的侵权麻烦，正是出现在收集信息这一环节上。一些媒体指责今日头条未经许可抓取了它们的内容，搜狐诉"今日头条"盗版侵权闹得沸沸扬扬。

这就涉及了新媒体和传统媒体一直有争议的话题——内容原创和版权问题。

"内容为王"一直被传统媒体奉为圭臬，但是，我们生活在一个信息过载的时代里。随着互联网的普及，信息制造的门槛已经被拉低到一个前所未有的低点：一方面，越来越多的新闻被专业媒体制造出来；另一方面，人们获取信息的来源已经不再局限于传统意义上的媒体，微博和微信朋友圈上的原创内容，同样可以纳入到广义的新闻范畴。

这些变化都导致了一个结果，那就是今天的受众并不缺乏阅读的内容——在互联网的世界里有足够多的信息，而且几乎都是免费的，内容严重地供过于求。

互联网对大家都是公平的，传统媒体依然有着独一无二的渠道和准入的优势。也许相比于打官司，传统媒体还应该反思，有几个人愿意为你的版权付费，或者你的内容优秀到用户愿意花钱买，这样的媒体还是极少数，大多数还没建立起区别于他人的风格。这让它们在喊版权时，显得底气不足。

对于普通的受众来说，虽然每天都会“摄取”大量的资讯，但是其中有相当大的部分都是被动接收的、自己并不感兴趣的信息，比如那些出现在微博信息流和微信朋友圈里的心灵鸡汤和励志段子。而那些对他们的工作和生活有实质性帮助的内容，他们却没有渠道获取。因为这些“优质内容”在生产出来之后，就迅速淹没在了浩瀚的资讯海洋里，这实在是个非常讽刺的现实。今日头条的推荐引擎模式能够帮助打通优质内容的传播渠道，找到了对它们真正感兴趣的读者，这实际上是在信息过载的市场大环境下，提升了内容分发的效率，从而帮助内容重新增值。

从这一点来看，今日头条所开创的实际上是一个全新的媒体生态，是对传统传播链条的一次重构。新媒体环境下，内容的价值在于传播，今日头条作为很好的内容分发渠道，让有价值的内容能更广泛地传播。

实际上，内容和平台是相辅相成的关系，传统媒体最大的优势是生产新闻产品，网络或新媒体最大的优势就是传播新闻产品，这两者之间其实没有矛盾，恰恰相反能够构成战略合作的关系。只不过传统媒体把新闻产品传递给网络新媒体之后，它对新闻产品的价值有什么样的需求，网络新媒体在使用传统媒体的新闻产品和内容的时候，彩什么样的方式支付或回馈给传统媒体价值，双方如果达成比较合适的价位模式，是完全可以实现互补，并且是一加一大于二的结果。

其实新闻门户网站当年也经历过版权问题，无非是怎么找到平衡点，让内容生产者的价值得到体现，而平台自身也获得收益。依笔者看来：一方面，互联网和传统媒体必定要达成一个利益分享机制，才能相安无事；另一方面，传统媒体也应当坚定不移地加快转型与新媒体融合。

笔者在参加移动互联网时代城市交通论坛的时候，听到一位企业家一个有趣的比喻：

在20世纪初，英国的法律规定马路上交通工具的最高时速不得超过19公里每小时，而这个法律是给马车修订的。这个时候，汽车开始崭露头角，只是在普通民众看起来，它仅是一个会冒烟的怪家伙。而汽车的速度远不止19公里每小时，这样矛盾就产生了。但法律是永远落后于科技的，马路修来就是给马车跑的，对汽车这样一个新事物，还需要接受它的时间。

这样的故事无数次在人类历史上上演，在这里北辰对今日头条不做过多的评论。

我们需要把眼光放到更加长远的未来，判断在未来的持续时间内，这样的一个发明会不会造福更多人的生活，以此作为评判的主要标准。而对于今日头条，这样的经历是必经的一个考验。

钛媒体、《商业价值》合并

钛媒体，是一家以经营网站为核心业务的科技媒体，目前拥有近10万注册用户，社会化账号上微博有近160万粉丝，公众账号近20万订户。一年多来，先后有关于《中联通造假冲击波》《做空网秦系列》《上海报业整合》《广电业变局》等多篇内容在各自相关领域形成了极大的影响，一些名牌栏目《钛晨报》《妙史》《创业者自述》《CEO说》等也都颇受欢迎。钛媒体比较注重维护运营自己的作者队伍，目前作者群体已超过1000人，且与其他科技媒体和自媒体平台略有不同的是，相当多的作者并非媒体人和一般意义的自媒体写手，而是TMT细分领域中的实际从业者、运作者，包括很多大公司高管、高级职业经理人、投资者和创业者，这里有来自运营商的、视频行业的、纸媒行业的、广电行业的、投资行业的、互联网创业者，等等。在一众语言调侃化的网络媒体和自媒体之中，钛媒体的风格整体仍偏严肃，目前还是新华社新媒体中心唯一来自新媒体的供稿源。

另外一方，《商业价值》其实也不能完全被定义为传统媒体，因为除了杂志之外，它并非在新媒体上毫无作为。它的移动客户端APP装机量为150万，月活跃用户也在60万～80万。在人民网组织的一场评比中，《商业价值》在杂志类APP排名榜上位居第二，商业杂志类排名第一。另外，它有一个线上的社区ITValue，号称中国最大的CIO社区，聚集了3000多家大型企业的首席信息官。依托这个线上社区，它还有一个线下的活动组织“千亿俱乐部”——取此名是因为这3000名CIO手上一共有过千亿的预算。

网络新锐媒体比较擅长在互联网开发新玩法，传统媒体则更强于一些深度内容的制作以及线下资源维护。而对于两者的合并，业界炒得沸沸扬扬，到底是钛媒体鲸吞了《商业价值》，还是《商业价值》并购了钛媒体，这一事件成了业界最大话题。

无论是钛媒体还是《商业价值》，都是媒体圈内的商业组织，在内容上继续深耕是没有疑问的。媒体这一块的主要目的是经营上的效率提升——也就是树招牌，打响知名度，提高名誉度，建立公信力。内容传播上，钛媒体比《商业价值》略强；内容生产上，也可能有更多的手法出现，比如可能会对杂志做一些新玩法的尝试。目前，杂志业内也有一些新的思考，比如说杂志只做重头深度文章等。新公司会不会这么干，可以后续再观察。就这两家媒体过去一贯的内容风格来讲，杂志基本上还会以严肃沉稳为特征。

研究类业务，这一块业务国外的传统媒体《经济学人》做得风生水起，网络新媒体 Business Insider 也用力颇深。国内媒体则同样有多家在运作，比如财新网、财经网两家杂志都在涉猎。而《商业价值》，本身就有研究团队并为机构提供定制化咨询业务。赵何娟在创业之初，曾和我提及“深度调研记者转行做 DD（风险投资尽职调查）”这一模式，虽然后来没再听她展开，但有理由相信，未来的新公司会考虑布局这个业务。

2B 的增值业务，主要是依托他们的 CIO 社区——ITValue。这个部分，《商业价值》本身已有基础，也有收入，钛媒体在 2013 年年末的一次改版时，露出了做职场 SNS 和企业招聘的痕迹，有可能在 ITValue 的基础上，进行局部细分领域中的高级猎头服务——比如各种 CXO 招募，或者一些重要岗位的招聘业务——比如产品经理。

面向大众的媒体 + 面向特定受众的研究咨询 + 包括活动在内的服务性质业务，这条路径，其实在国外媒体的实践中，比单纯的所谓收费墙来得更为可靠。无论是来自传统世界的《经济学人》，还是来自新世界的 Business Insider，都已有小成。在国内，钛媒体与《商业价值》合并，显然要说的是“中国的 Business Insider”这个故事。合并之后，能不能发挥各自的强项与优势，将这个故事付诸现实，或可期待。

移动互联网时代，再也没有纸媒、网络、新媒体之分，因为所有的媒体只有一个名字：全媒体。钛媒体和《商业价值》的合并是2014年媒体圈最经典的案例。依托网络媒体平台的钛媒体与《商业价值》强强联合，更大的意义胜过于默多克新闻集团对《华尔街日报》的收购。

唱衰纸媒的话题已经变得陈旧和过时，最新的讨论应该是融合和资源整合，钛媒体和《商业价值》是最好的例子。希望它们联姻后的生活更幸福长久。

因为它们代表了移动互联网时代的样本，也是后进的晚辈们可以研习的故事……

希望一切都好！

自媒体时代

什么是自媒体？

国际上给出了这样的定义：自媒体是私人化、平民化、普泛化、自主化的传播者，以现代化、电子化的手段，向不特定的大多数或者特定的单个人，传递规范性及非规范性信息的新媒体的总称，也叫"个人媒体"。包括BBS（电子布告栏系统）、Blog（博客）、Podcasting（播客）、Group Message（群聊服务）等。

美国新闻学会的媒体中心，于2003年7月出版了由谢因波曼与克里斯威理斯两位联合提出的"We Media（自媒体）"研究报告，里面对"We Media（自媒体）"下了一个十分严谨的定义："We Media是普通大众经由数字科技强化与全球知识体系相连之后，一种开始理解普通大众如何提供与分享他们本身的事实、他们本身的新闻的途径。”

1. 平民化、个性化

2006年年终，美国《时代周刊》年度人物评选封面上没有摆放任何名人的照片，而是出现了一个大大的“You”和一台PC。《时代》周刊对此解释说，社会正从机构向个人过渡，个人正在成为“新数字时代民主社会”的公民。2006年的年度人物就是“你”，是互联网上内容的所有使用者和创造者。美国著名硅谷IT专栏作家丹·吉尔默给自己的专著《自媒体》起的副标题是“草根新闻，源于大众，为了大众（We the Media：Grassroots Journalism by the People，for the People)”。这便道出了自媒体最根本的特点——平民化。从“旁观者”转变为“当事人”，每个平民都可以拥有一份自己的“网络报纸”（博客)、“网络广播”或“网络电视”（播客)，“媒体”仿佛一夜之间“飞入寻常百姓家”，变成了个人的东西。人们可以自主地在自己的“媒体”上“想写就写”“想说就说”，每个“草根”都可以利用互联网来表达自己想要表达的观点，传递他们生活的阴晴圆缺，构建自己的社交网络。我国著名新闻传播学者喻国明形象地将此描述为“全民DIY”：“简单来说，DIY就是自己动手制作，没有专业的限制，想做就做，每个人都可以利用DIY做出一份表达自我的‘产品’来。”自媒体成为了平民大众张扬个性、表现自我的最佳场所。

2. 门槛低、运作简单

对电视、报纸等这样的传统媒体而言，媒体的运作无疑是一件复杂的事情，它需要花费大量的人力和财力去维系。并且，一个媒介的成立，需要经过国家有关部门的层层核实和检验，其测评严格，门槛极高，让人望而生畏，几乎是“不可能的任务”。但是，在这个互联网文化高度发展的时代，我们坐在家中就可以看到世界上各个地方的美丽风景，就可以欣赏到最新的流行视听，就可以品味到各大名家的激扬文字……互联网似乎让“一切皆有可能”，平民大众成立一个属于自己的“媒体”也成为可能。像在新浪博客、优酷播客等所有提供自媒体的网站上，用户只需要通过简单的注册申请，根据服务商提供的网络空间和可选的模板，就可以利用版面管理工具，在网络上发布文字、音乐、图片、视频等信息，创建属于自己的“媒体”。拥有自媒体，不需要你投入任何成本，也不要求你有任何的专业技术知识。因为其进入门槛低，操作运作简单，所以自媒体大受欢迎，发展迅速。

3. 交互性强、传播迅速

没有了空间和时间的限制，得益于数字科技的发展，任何时间、任何地点，我们都可以经营自己的“媒体”，信息能够迅速地传播，时效性大大地增强。作品从制作到发表，其迅速、高效，是传统的电视、报纸媒介所无法企及的。自媒体能够迅速地将信息传播到受众中，受众也可以迅速地对信息传播的效果进行反馈。自媒体与受众的距离是为零的。李亚鹏于2006年8月12日10:08在其博客上发表承认李嫣兔唇的博文《感谢》，发表仅六小时后，就有近1600条回复，浏览量达到近112，000人次。其交互性的强大是任何传统媒介望尘莫及的。

4. 良莠不齐

人有千姿百态，这代表着个人的自媒体也是良莠不齐。人们可以自主成立“媒体”，当媒介的主人，发布的信息也完全是按照自己的意愿随心所欲地编辑。这些信息有的是对生活琐事流水账式的记录，有的是对人生境遇深刻感悟的集锦，有的是对时事政治的观察评论，有的是对专业学问的探索与思考……著名作家王朔曾说：“也许我有些发不出去的杂文，会放到网上。”这就表明了在自媒体上发表信息的随意，自媒体取消了传统媒体编辑决定发表的权力，让各种信息“肆意”传播。

优秀的自媒体可以让受众得到生活的启发，或者有助于事业的成功，让人们发现生活的意义与价值。但大部分的自媒体只是一些简单的“网络移植”，记录一些不痛不痒的鸡毛蒜皮的内容，甚至是一些不健康的东西。李某是博客“夜色朦胧”的博主，因为在自己博客上转贴了数十篇色情小说而被北京警方刑拘，他也是国内首个因为在博客上传播色情内容而被刑拘的博主。这些内容虽然给他的博客带来了很高的点击率，但其影响却是负面的。

5. 可信度低

网络自媒体的数量庞大，其拥有者也大多为“草根”平民，网络的隐匿性给了网民“随心所欲”的空间。在平民话语权得到伸张的今天，“有话要说”的人越来越多。有的自媒体过分追求新闻发布速度或者说为了追求点击率而忽略了新闻的真实性，导致部分民间写手降低了自身的道德底线，这就导致了自媒体所传播信息的可信度降低。

6. 相关法律不规范

让个体声音得到充分释放的同时，势必也会让一些与宪法、社会道德规范相悖的声音得以散播。2005 年 10 月，南京大学陈堂发副教授一纸诉状将中国博客网告上法庭。原告在中国博客网上发现一个名为“长套袜”的博客网页上有一篇《烂人烂教材》的文章，指名道姓地对他进行“辱骂和攻击”，该案被称为“中国博客第一案”。从中我们可以看到，自媒体从《宪法》上来看是个人言论自由权的延伸，从一诞生就受到了诸多法律的限制。但作为一种权利，自媒体当然有很多的界限是不能突破的。虽然我国目前有很多法令管制网上活动，但是还只是停留在对网站的管理上，这些法令就显得不够全面。如何在法律上对自媒体进行规范与引导，迫切需要全社会来共谋良策。

从以上对自媒体特点的浅析中，我们知道，相对于西方“自媒体”的迅猛发展，中国的“自媒体”显然处于起步阶段。网民应该学习在这个言论最自由的地方如何做负责任的表述，行使权利的同时不忘履行义务，使我国自媒体朝着健康的方向发展。

自媒体对传统媒体的挑战

以播客为新兴形式的自媒体，使得原来处于新闻制造边缘的受众成为新闻信息传播的中坚力量，传统媒体受到自媒体的挑战。

1.“共享媒体”挑战“一对多”的传播模式

传统的新闻媒体将传播者与受众分得很清，它们是“自上而下”“点对面”的传播方式。而播客式的自媒体打破了这种不公平的格局，新媒体不再有传者和受者的界限，每个人都是传者，每个人都能做新闻，“人人即媒体”。因此，在播客网站上，我们不再提及“受众”一词，而更习惯说“用户”。

2. 挑战传统媒体“把关人”作用

在WEB2.0时代，网络传播成为“零门槛”的传播方式，任何网络用户都可以成为传播者。在技术层面，播客具有非线性传播、零门槛、低成本等优势，正是这种互联网的特性决定了用户发布的信息内容不完全受网站的控制，传统媒体对信息的筛选以及议程设置的特权将面临前所未有的挑战。

3. 打破时间地理局限，受众成为新闻源

传统媒体的专业新闻工作者利用集团优势以及技术支持，方便他们在世界各地收集信息进行报道。然而，播客式自媒体的出现打破了时间、地域的局限，用户也能成为新闻的采集者和传播者。以2009年2月9日发生的“央视配楼失火”事件为例，央视大火发生半小时后，“草根媒体”先于主流媒体透露消息。一位叫“加盐的手磨咖啡”的网民，在事发时恰好路过现场，随即用带照相功能的手机拍下火场照片，这些照片于2月9日21时04分上传到网上。之后12小时内，这批照片的访问量超过37万次，跟帖1700多个。而另一位叫“msun msun msun”的网民，于2月9日22时左右将一段现场视频上传到Youtube上。约6分钟后，新华社才在主流媒体中第一个发出了有关火灾的快讯。这类突发性事件的视频材料是主流媒体无法企及的，而传统意义上的“受众”成为了“新闻源”。

4. 微内容对传统新闻理念的挑战

微内容是相对于巨内容而言的。巨内容就是传统媒体的主体内容，是体现新闻的重要性、接近性、时效性、显著性和趣味性等新闻价值的内容。对于微内容，该词汇的创造者Jakob Nielsen描绘说，这是用来描述一个网页上所显示的“超小文字段”(Microcontent),比如页头与标题。然而面对复杂的互联网,微内容的范畴注定不会是简单的“导引文字”。实际上,互联网用户在网上的所有独立数据,比如博客中的每一则网志,BBS中的每一个评论,甚至用户的每一次点击,都构成互联网的微内容。

目前,Youtube网站已经成为一个庞大的微内容市场,微内容的影响和效果不逊于传统大众传媒的巨内容。而且,用户对视频音频的每一次点击、评论、收藏,都是一种微内容的体现,在进行音频视频查询的时候,受点击、收藏、评论多的音频视频,会最先出现在首页上。因此在Youtube首页上可以看到“观看最多的视频”“最热门的视频”以及“精选视频”的链接。这种选择不是来自于Google搜索的机器智能,而是来源于用户自身的判断,可信度更强。

移动互联网时代,媒体的形式发生了翻天覆地的变化,社交媒体、新媒体、自媒体。但是大道化简,所有的媒体只叫一个名字:全媒体。全媒体的核心永远不变:传播价值。

大浪淘沙之后,优质的媒体将熠熠发光,低劣的媒体将快速地消失在人们的视野!而这样的进程将变得更加快速!

媒体在历史的长河中一直扮演着重要的角色。一早醒来,媒体永远决定着我们看什么、想什么、信什么,而在移动互联网时代,谁谙熟媒体的运作形式,谁将主导移动互联网的未来。

而这样的机会属于每一个人,一条微博,朋友圈的一条分享,就可以马上被你成百上千的朋友看到,好的内容将得到快速的传播,你的心情也将影响到你上千好友的心情。

像成名已久的蝴蝶效应，亚马逊的一只蝴蝶扇动翅膀，远在千里之外的美国将迎来一场飓风。而这样的故事每天都在社交媒体上上演。

还在犹豫什么？开始经营你的个人媒体，你的微博、你的微信朋友圈，你就是移动互联网时代属于你自己的最大媒体！

第四章

移动互联网时代——车联网

汽车已经不是简单的代步工具，进入移动互联网时代后，汽车变得更加智能，毫不夸张地说，智能汽车就是一部超大号的手机！

而这部超大号手机不仅将改变你的出行方式，还将改变你生活的方方面面！

功能车时代已死

2007年乔布斯发布第一代iPhone，这个不起眼的家伙，短短七年摧枯拉朽，结束了功能机统治的时代。手机和当下生活密不可分，渐成人体延伸器官。而汽车就像人类的双腿，带人类去更遥远的地方，而2015年这双腿将变得更加智能！

手机、平板、电视这三块屏幕占据了现代人生活几乎所有的时间。而汽车这个影响人类进程的家伙，也加入了移动互联网这场华丽的选秀。汽车屏将成为影响人类的第四块大屏，而且它天生在移动，并移动得更快。

如果说手机、平板是人类赋予了它移动能力，那么汽车是赋予人类更好移动的发明。

这个发明将不会从这个时代中褪去光环，而是搭载人类更好地前行！

这将是个更加不可思议的时代，我们称它为车联网时代……

先进的厂商将加快这种进程。

2014年6月28日，据国外科技媒体报道，奥迪近日宣布已经与苹果进行了深入的沟通，将把苹果CarPlay车载系统整合到2015年开始推出的新车型中。

奥迪称，公司已经着手将车载系统的娱乐功能与汽车分离，并将在未来发布的新车型中整合苹果 CarPlay 和谷歌 Android Auto 车载系统，车主可以二选一。

“永远在线”将贯穿移动互联网整个生命周期。

在这一点上，先进的厂商已经和谷歌、苹果等密切合作。未来，车主同样可以借助车载系统使用智能机上的功能。

智能手机、平板逐渐饱和，智能穿戴之外，汽车是最大的智能硬件市场。

随着手机、平板、电视、穿戴等智能硬件市场饱和，汽车正逐渐成为科技巨头寻求实现生态系统差异化的重要领域。

而这个空白领域，汽车、软件公司是主流参与者，却不是唯一。

纯正智能汽车硬件制造商将作为全新的玩家参与其中，特斯拉就是一个特别的例子。

软件厂商将有机会参与其中，并且制定标准。当然苹果、谷歌这类公司有先发优势。

苹果在 2013 年的全球开发者上发布了车载系统 CarPlay，合作伙伴包括了法拉利、起亚等汽车公司。

在 2014 年的日内瓦汽车展上，法拉利、沃尔沃、奔驰展示的车型是 2014 年首批采用 CarPlay 的汽车。

谷歌则在 2014 年年初与奥迪、通用汽车、现代建立了开放汽车联盟，并在本周举行的开发者大会 Google I/O 上展示了首版 Android Auto 系统。

中国行业研究网汽车研究报告显示：

中国目前豪车数量仅次于美国，位居世界第二。有数据显示，截至2012年年底，售价超过20万元的豪华汽车在中国的销售量已经达到125万辆，仅次于美国，位居世界第二。而最快到2016年，中国即可超过美国，跃居世界最大高档汽车市场。

豪车市场将是智能化汽车的首批进入者，而这个市场即将切入智能汽车轨道。这一趋势对软件、硬件、系统等生态链上的供应商来说，将是巨大的机遇与挑战。汽车公司、科技公司、软件公司或是纯智能汽车的新生公司，都有可能实现横向扩张，抢占先机！

剩下的只有一个问题：谁将主宰下一个车联网时代？

北辰点评：

移动互联网时代的智能汽车是更大号的智能手机，且具备天生的超强移动性，在这样一个神奇的封闭空间，通过4G网络的连接，用户可以完成很多事情。而在路上是未来生活的主要节奏，在这样的背景下，车联网的未来将挖掘出无比巨大的潜力……

特斯拉进入中国的政策之困

特斯拉已不是传说中的神兽，只闻其名，未见其车身。

北京中关村3W咖啡、北京国家会议中心GMIC全球移动互联网大会上，特斯拉在普罗大众面前展现其曼妙身姿。

特斯拉虽在中国市场风头正劲，但是没有牌照的特斯拉充其量只是一个有四个轮子的性感花瓶，国内牌照和补贴政策迷雾重重。

上海政策首破冰

在多方翘首企盼下，上海政策首破冰，带来的不仅是利好消息，而且是实实在在的免费牌照。

上海拿出3000张车牌，专门提供给购买特斯拉Model S及其他进口纯电动车的消费者。

2014年5月9日，两位购买了特斯拉Model S轿车的上海车主，领到了上海市针对纯进口电动车颁发的免费牌照。一位是SMC中国基金合伙人邵庆晓，另一位则是一嗨租车董事长兼CEO章瑞平。

“上海市政府拥有市场化的思维，非常愿意推动电动汽车行业的发展。”特斯拉中国区负责人吴碧瑄表示。

目前上海每张牌照的拍卖市场行情已超8万元人民币。此政策的出台意味着购买了Model S的车主在车牌方面将获得较高优惠，能省下一笔数目可观的真金白银。

在上海市政府帮助下，特斯拉在几周的选址后即可开始筹建一座超级充电站。目前特斯拉在中国已经建立了三座超级充电站，均采用太阳能发电。特斯拉称未来计划在中国建立一个大型的超级充电站网络。

上海此次积极的应对政策，获得各界好评。但出手大方的背后是近两年电动节能汽车的推广乏力。

上海两年前成为全国首批新能源汽车示范运行城市，其中嘉定区被指定为电动汽车国际示范区。不过，在新能源汽车的推广运营中，上海遭遇推广瓶颈。由于使用氛围、基础配套的不完善，上海私人购买新能源车的量还很少，2014 年免费的“绿色牌照”也仅使用了 400 余张。

新能源汽车最大的问题是使用不方便，这与充电桩的建设有很大的关系。纯电动车的续航能力一般是 100 公里，因为上海市区很少有充电站，消费者担心开出去就回不来了。这也导致在前期的购买中，基本都是租赁公司或者单位购买，很少有私人消费者自掏腰包购买。而《节能与新能源汽车示范推广财政补助资金管理暂行办法》出台后，影响消费者购买的难题也将解决。

上海市的补贴政策提到，至 2015 年，上海计划布局 6000 个以上充电桩，约可满足 1 万辆以上新能源车的充电需求。而截至 2013 年年底，国网上海市电力公司已建成并运行维护全市各类电动汽车充换电站 24 座，充电桩 2020 个。覆盖营业网点、办公基地、政府机关、居民小区、公共停车场等区域。

相对于上海的开放政策，北京的政策暂不清晰

根据 2013 年 9 月财政部网站发布的财政部、科技部、工信部、发改委四部委联合出台的《关于继续开展新能源汽车推广应用工作的通知》（下称《通知》），2013 年至 2015 年继续开展新能源汽车推广应用工作，期限为三年。《通知》采取了逐渐递减的补贴方案，消费者在 2013 年内购买纯电动乘用车，最高能获得的补贴额度仍有 6 万元，但之后两年将逐年递减。

2014 年是 3 年新能源汽车推广工作的中期考，各地政府也积极应对，部分政策也相继日益明朗。

特斯拉在上海取得突破，很大程度上的原因是通过上海方面决议，进入《上海市私人购买新能源汽车补贴目录》。而北京也有一份类似的文件《北京市示范应用新能源小客车生产企业及产品目录》，在该文件中未发现特斯拉的身影。

从资料上看，列入《北京市示范应用新能源小客车生产企业及产品目录》的汽车企业多为国产品牌，长长的清单中有：比亚迪、北汽、长安、华晨宝马、江淮和上汽荣威等。2014 年北京准备了两万张新能源汽车的牌照，这些牌照理论上将由上述企业瓜分，而特斯拉等海外品牌被排除在外。

利好的消息是，虽排除在《目录》之外，北京消费者购买 Model S 不能享受新能源汽车的单独摇号，但根据最新一期的摇号数据显示，北京新能源汽车中签率高达 98%，而普通汽车摇号中签率仅为 0.8%。

据知情人士透露，北京已经开展相关工作，从两万张新能源牌照中拿出 500 张，专门提供给进口纯电动车。

汽车智能化或将加速破局，车联网概念有望爆发

继苹果公司发布的 CarPlay 车载系统将 iOS 设备与汽车仪表盘系统进行无缝结合之后，谷歌也于日前宣布推出安卓汽车系统 Android Auto，两大 IT 巨头针对汽车智能化的布局形成了“双头对弈”格局。

互联网巨头不停地向作为终极移动终端的汽车产品探出触角，随着“鲇鱼”效应的逐步展开，以汽车电子为标杆的智能化进程将大大

加速。

谷歌的安卓汽车系统（Android Auto）包括谷歌音乐播放（Google Play Music）、谷歌地图（Google Maps）以及语音触发短信等功能。与苹果的Carplay相比，Android Auto省去了通过点击进入互联网模式的环节，其背靠谷歌强大的搜索引擎，支持全语音操作，使用者可以进行相关查找和路线规划。

值得注意的是，谷歌的安卓汽车系统并非一种嵌入式信息娱乐系统，而是一种“投射式”系统，即使用谷歌安卓操作系统的智能手机可以通过汽车自身的显示屏幕进行操控。有业内人士分析认为，这或许是今后谷歌以安卓系统为切口进军智能家居和智能穿戴的一贯思路，无论汽车还是家居，手机或仍是支撑起所有载体的核心设备。

早在2014年1月，谷歌公司就已经宣布，和通用汽车、本田汽车、奥迪汽车、现代汽车等多家车企，以及芯片制造商英伟达（Nvidia）共同成立开放汽车联盟（Open Automotive Alliance，简称OAA），旨在将用于手机的开源系统安卓植入汽车信息娱乐系统。在日前举办的2014年谷歌I/O大会上，谷歌车载系统Android Auto正式发布，标志着安卓系统开始正式进入车载应用。知情人士按照研发阶段代号，将该系统称为“谷歌汽车链接（Google Auto Link，简称GAL）”，这也是谷歌牵头的OAA联盟的第一个产品。

公开资料显示，目前OAA联盟已经扩大到四十多家企业，包括沃尔沃、大众、欧宝、斯柯达、克莱斯勒、Jeep、Ram、欧宝、雪佛兰、英菲尼迪、宾利、现代、日产、铃木、奥迪、本田、三菱、斯巴鲁、福特、马自达、菲亚特、玛莎拉蒂、西雅特、路特斯、起亚、道奇和雷诺等车企，三星、英伟达和德尔福等供应商和 IT 企业也赫然出现在名单中。

均胜电子相关高管对《中国证券报》记者介绍，目前汽车行业的变革正面临两大趋势：一是电气化，以纯电动路线的新能源汽车为代表；二是智能化，以汽车电子、车联网与自动驾驶技术为代表。从目前趋势来看，前者依然以汽车企业为主导，而后者正在形成由互联网巨头主导的新格局。

谷歌 Android Auto 的推出，必将与数月前苹果公司新开发的 CarPlay 系统展开竞争。截至 2014 年 3 月，首批支持 CarPlay 的汽车来自奔驰、法拉利和沃尔沃三家公司的车型，其他将会陆续支持 CarPlay 的汽车品牌包括宝马、丰田、通用汽车、本田、现代、捷豹、路虎、起亚、三菱、日产、标致、斯巴鲁、铃木和福特等。而根据谷歌的表态，包括克莱斯勒集团、福特汽车公司、通用汽车公司、本田汽车公司、现代汽车公司、日产汽车公司和大众汽车集团等在内的车企，均已表示将在量产车型上搭载安卓汽车系统。

作为新生事物，不少车企都采用“脚踏两只船”战术进行智能化尝试。以现代汽车为例，作为首批使用第三方车载操作系统的车企之一，公司计划将苹果和谷歌开发的车载操作系统全部用于最新中级车 2015 款索纳塔，届时无论车主使用的手机是苹果 iOS 系统还是谷歌安卓系统，都能和汽车进行关联。

同时支持双 OS 车载系统或将是大势所趋。“苹果和谷歌需要共同合作，支持客户优化软硬件，完成双系统的整合”。

IT 行业的其他知名大公司也将汽车置于其视野的重要位置，纷纷挺进汽车智能化领域，参与车联网打造，并同整车制造商展开合作。

比如，福特和微软共同开发SYNC功能，打造MyFord Touch触屏系统，提高了福特车辆的自动化智能特性。而克莱斯勒等企业也采用了来自于黑莓公司的QNX软件。

目前，苹果与谷歌仍然远远走在汽车智能化的前列，在可见的周期内，依然是谷歌Android Auto与苹果CarPlay双头对弈格局。但随着微软、黑莓等IT公司在汽车行业的参与度提高，竞争会日趋激烈。而且，IT巨头和汽车制造商的关系也将在合作和竞争中不断变幻。在汽车智能化和车联网发展浪潮中，谁主沉浮，仍有待时间去验证。

无论是采用CarPlay还是Android Auto，主要功能的实现都是依靠手机，车载系统作为输入输出的入机接口，双方将携手挑战汽车电子的前装和后装市场。

“苹果和谷歌的进入，会把手机互联导航等市场快速炒热。在实际产品推出之前，已经有了现成互联网产品的厂商，将借助这股热潮加大产品的销量，只要后续产品及时跟进，将享受到行业变革大潮的红利。”

以盛路通信为例，公司曾于年初发布公告称拟收购合正电子100%的股权，而合正电子正是CarPC、DA智联系统的产品供应商，其智联系统产品不仅可以与智能手机无缝连接，而且已经实现了车载移动互联网功能，并通过了东风日产天籁、新轩逸等车型的NADS认证进入准前装市场，已适配于东风日产、大众、丰田、本田等十多个畅销品牌车系的60多款中低端车型。

车联网被公认为未来电子创新应用的主要战场，汽车将成为下一个移动互联网入口。当前移动场景中一个重要的场景，即车载场景，目前还未被充分挖掘。随着汽车的普及，用户在汽车上的时间逐渐增多，汽车将会成为下一个最重要的移动互联网入口，车联网时代即将到来。

2014 年 6 月，美国旧金山，谷歌公司安卓工程部门主管介绍汽车版安卓操作系统。

汽车电子化、智能化、网络化是大势所趋，结构性变迁可能带来数千亿的市场空间。TESLA、宝马 i3 的上市，引发消费者和投资人对于汽车革新的关注和讨论。我们认为，电子化、智能化、网络化是传统汽车未来必经的发展之路，且发展速度可能超过预期。上述变化有望带来千亿级别的新增市场空间：（1）汽车电子，智能汽车，3000 亿～ 4000 亿；（2）车联网，2000 亿；（3）智能交通，1000 亿。

汽车电子，智能汽车：电子设备大量使用，汽车有望成为四轮上的智能终端。汽车电子技术的飞速发展，驾驶者对安全、便利、娱乐等方面的需求日益提升，单车电子产品用量持续增加。电子产品在汽车中的应用，将逐渐从传统动力总成控制、汽车安全控制系统，逐渐转向智能导航、车载娱乐、信息处理、移动通信服务等。以单车电子件 1.5 万～ 2 万元平均用量测算，国内汽车电子、智能汽车市场空间可望接近 3000 亿～ 4000 亿元。

车联网：前装、后装市场并驾齐驱，后续持续服务费带来大且稳定的市场空间。车联网借助装载在车辆上的传感设备，收集车辆和车内乘员的信息，通过网络共享，实现驾驶员、车、行人、车联网平台、城市网络的互联，从而实现智能、安全驾驶，以及享受技术和生活服务等。车辆联网服务主要参与方包括：（1）汽车制造商，基于前装产品和服务；（2）汽车经销商和运营商，基于后装产品和服务；（3）操作系统和公共服务平台等。根据易观智库的预测，2020 年国内车联网服务市场将突破 2000 亿元。

智能交通：大城市交通拥堵的一剂良方。在可用于拓展道路用地有限的情况下，城市智能交通系统可以从提高通行使用率方面减缓拥堵状况。城市智能交通体系投资分为：(1) 智能交通指挥中心；(2) 交通监控及诱导等系统；(3) 轨道智能管理系统；(4) 城市公交管理系统四个部分。预计智能交通整体市场空间将超过千亿元。

风险因素：经济低于预期导致企业和政府投资进程放缓，汽车电子和智能汽车不够完善带来安全性隐患，消费者认知程度偏低导致推广进程低于预期等，政府部门之间的协调不力导致智能交通推广进度低于预期等。

投资策略与推荐标的：汽车智能革命是一场空前“跨界”的盛宴，涉及汽车制造公司、汽车经销商、车联网运营公司、电子公司、软件公司、通信服务商等。由于未来市场空间广阔，可能给相关公司带来几倍乃至数十倍的增量。首次给予智能汽车、车联网行业“强于大市”评级。

智能汽车与物联网

智能汽车

统计数据显示，到 2014 年 2 月，中国汽车总量超过 2.5 亿部，汽车将成为一个全新的移动热点。从短期来看，联网汽车将能够提升车内的体验，包括车载信息娱乐系统、无线音效、实时导航、安全方面的功能。而在未来，汽车能与周围的环境产生交流，比如车与车之间的交流；车与基础设施之间的交流，比如与信号灯，可以知道哪段路车比较多，何时该停车等；更重要的是车辆与周围行人的移动终端之间的交互，这样可以有效减少交通事故的发生。

Formula E 赛车

有一个令人兴奋的赛事，是Formula E电动方程式，这项赛事全部采用纯电力的赛车。电动汽车代表着未来的趋势。2014年9月，Formula E的首站比赛将在北京鸟巢周围的街道上举行，这是不折不扣的纯电动汽车，非常环保，同时也展示了丰富的移动技术。

这款形似Formula 1赛车的Formula E赛车，为雷诺的纯电动车型，0-100加速为2.9秒，采用了高通的感应式无线充电技术。现在主流的电动汽车，必须要通过一根电线将汽车与街边汽车充电站或家庭插头相连才可以实现充电。而感应式电能传输技术则是利用感应电荷的原理，电源板埋藏于道路的沥青之下，这样电源板既可以得到有效保护，又不会受到恶劣天气的影响。充电系统支持更大的横向感应范围，这也就意味着汽车的电能接收垫并不需要置于电源传输板的绝对正上方。

LTE 广播

LTE Broadcast就能让很多用户不受网络容量的限制，能高速地接收到同样的内容，在终端上欣赏到高清的内容，比如体育赛事直播或者突发新闻的报道，更快的网络连接也有助于4K内容的传输。LTE

广播能够让多个用户同时接收相同的内容，可向多个用户传送相同的内容，因此能够高效地利用频谱和现有网络投资。可以更为快速不受干扰地进行信息传播，在某些条件下也可以节省传统网络布线的高成本，LTE 广播可以广泛应用于媒体直播、信息预警等领域。目前高通正在和中国电信一起在江苏做 LTE Broadcast 的试验项目。

智慧城市愿景

除了更环保的汽车，移动宽带技术将惠及更多与我们生活密切相关的很多行业，比如大大地改进健康保健、带来更有效的水电利用并减少资源浪费、不断地改进教育和智能城市建设。

谷歌汽车平台——手机的外设

2014 谷歌 I/O 大会，是 Android 平台向手表、汽车与电视等领域的拓展大会。谷歌正雄心勃勃地打算以 Android 移动平台为核心，以 Android 智能手机为中控，将自己的服务拓展到诸多传统的非智能设备，将其他硬件厂商的产品整合到自己的平台阵营中。

Andriod Auto 平台就是谷歌在智能汽车领域迈出的新一步。通过这一平台，谷歌将传统汽车的中控台变成了 Android 智能手机的延伸，汽车中控只是相当于一个显示屏和语音操控台，整部汽车就是 Android 智能手机的外接设备，而 Android 手机则变成了汽车信息娱乐系统的核心。

Android Auto 是谷歌 Android 平台在汽车领域的延伸，集成了谷歌语音、谷歌搜索、谷歌音乐等系列汽车上需要的谷歌服务。简而言之，这个平台就是提高Android手机与家用汽车的互动，减少用户因为操作手机受干扰或分心。

谷歌推出Android汽车平台也是为了与苹果的CarPlay平台进行竞争，在市场格局尚未确定的情况下尽快占据先机。2014年3月，苹果正式发布了iOS平台的汽车版CarPlay，将自己的软件服务拓展到汽车中控台，支持CarPlay技术的新车将于2014年年内上市。

而2014年年初，谷歌也和奥迪、本田、现代、通用汽车等主要车厂以及芯片厂商英伟达组建了开放汽车联盟（Open Automotive Alliance）。此次谷歌正式推出Android Auto平台时，亦宣布已有四十多家汽车及芯片厂商加入这一联盟。显然，谷歌联盟的阵容规模远远超过了苹果的CarPlay阵营，采用Android Auto平台打造的汽车将于2014年年底上市。

连接完成后，汽车的中控台就变成Android手机的延伸屏幕，手机上的诸多兼容应用也出现在中控屏幕上，包括谷歌地图、Pandora、谷歌音乐、TurnIn电台等应用。驾驶者可以用手指在大触控屏上进行操作，这样可以避免操作手机导致的驾驶分心。

当然，在驾驶过程中，用户可以通过谷歌语音助手完成接打电话、收发短信、播放音乐、查询位置、搜索导航等一系列操作，完全不需要拿起手机。和摩托罗拉Moto X、谷歌眼镜以及Android智能手表一样，用户需要做的只是说出“OK，Google”，就可以进入语音指令操作。

在驾驶过程中临时改变行程需要查询地址，驾驶员通常需要停车通过手机或者汽车自带导航重新输入。但在Android Auto上，驾驶员可以轻松地通过谷歌语音搜索自己想去的地方，然后再用语音指令要求汽车进行导航。这个原本烦琐的过程，现在完全可以通过语音指令完成，驾驶员根本不需要停车，可以一直专心驾驶。

当驾驶过程中手机收到信息时，Android Auto 系统会为用户朗读出短信内容，而用户则可以通过语音指令发送短信回复。这个功能与 2013 年上市的摩托罗拉 Moto X 上的驾驶模式非常相似。可以看出，谷歌在 Android Auto 平台上运用了 Android 智能手机上的大量技术。

用户还可以从 Android Auto 平台上查看汽车的维护记录以及各种数据。未来将有第三方应用开发商推出服务，方便用户通过 Android Auto 平台对汽车进行诊断、遥控、控制以及追踪等诸多操作。

Android Auto 上的所有应用都来自于手机上安装的兼容应用，其消耗的数据也是用的手机流量。如果通过上面的谷歌音乐或者 Pandora 等音乐应用听在线音乐的话，可能会消耗用户大量的手机流量，只适合那些每月数据套餐很大的重度用户。

谷歌已经宣布会控制Android Auto的界面，不允许厂商随意定制，这意味着 Android Auto 平台的汽车不管是什么品牌和款式，都将拥有相同的用户体验。这将更加有利于谷歌与苹果的智能汽车竞争，避免 Android 手机碎片化的问题再次发生。

无论谷歌的什么新产品，其在中国大陆市场的前景都需要额外讨论。此次的 Android Auto 也不例外，其本质上还是语音、地图、音乐等诸多谷歌服务的集成。如果这些服务在国内不能使用，那么 Android Auto 就相当于残废，至少谷歌地图在大陆就无法有效使用。Tesla 电动车在国内也选择了其他地图服务商来取代车上原本的谷歌地图。

汽车厂商也可以寻找大陆的替代服务来取代谷歌服务，但缺乏统一的标准或许会带来更大的混乱，就像现在国内安卓手机的生态圈一样。或许，从用户体验的角度来看，苹果 CarPlay 在中国大陆更加具有发展前景。而且整体而言，私家车用户中使用 iPhone 的比例也会略高于诸多国内安卓手机厂商的产品。

毫无疑问，装上操作系统的智能汽车将更加智慧，而当汽车连上网络之后，一切就开始变得神奇。这样一部超大号的智能手机还能装人，还能快速地移动起来，带你去想去的地方，而且还能帮你订餐、约会。而这样的技术在移动互联网时代不是未来，而将快速步入寻常百姓家。我们要做的，只是静静地等待这样的车子驶入我们的车库，仅此而已！

第五章

移动互联网时代——智能终端

在美国人的日常生活中，智能手机的重要性已经仅次于互联网和个人卫生。有 91% 的受访者表示手机十分重要，重要性与汽车和除臭剂相当，而电视机和咖啡的这一比例分别仅为 76% 和 60%。

人体器官的外延——智能手机

《美国银行消费者移动报告》(Bank of America Trends in Consumer Mobility Report)显示，大约有47%的美国人承认，他们难以忍受一整天没有智能手机的生活，很多人甚至认为智能手机的重要性超过了咖啡和电视机等主要日常生活用品。

该报告发现，在用手机使用银行服务的用户中，有31%的用户表示他们至少每天会登录一次银行，另有82%的用户每月至少登录一次。

在美国人的日常生活中，智能手机的重要性已经仅次于互联网和个人卫生。有91%的受访者表示手机十分重要，重要性与汽车和除臭剂相当，而电视机和咖啡的这一比例分别仅为76%和60%。

18～24岁的群体对智能手机最为看重，认为这种产品十分重要的比例达到96%，超过除臭剂的90%和牙刷的93%。

“手机已经改变了我们的日常生活方式，并且延伸了我们的金融生活。”美国银行高级副总裁兼移动解决方案负责人马克·沃肖斯基(Marc Warshawsky)说，“美国银行目前的移动银行用户超过1500万，他们每月通过移动设备访问账号的次数超过1.65亿次。我们认为这一数字还将继续增长，而移动银行的月登录数最近甚至首次超过网络银行的月登录数。”大约有62%的受访者至少尝试过移动银行。当使用移动银行时，最常见的活动包括查询账户余额和账单、转账汇款、支付账单以及存入支票。

虽然移动银行正在逐渐成为主流，但前往银行网点办理业务的人数依然稳定，仍有84%的受访者曾在过去6个月内去过银行网点。各个年龄段差异不大，18～34岁的比例为83%，35岁及以上年龄段为85%。

只有23%的受访者表示，会通过银行网点处理多数交易，有47%的受访者将移动或网上银行作为主要的业务办理手段。

用户还在使用移动银行应用从事更加复杂的交易，例如移动支票存入。美国银行的报告显示，有58%的受访者曾经使用过这项功能，38%的受访者经常使用该功能。沃肖斯基说："移动支票存入已经成为增速最快的数字服务之一。人们都很认可这种随时随地存入支票的服务所带来的便利，每天通过移动设备存入17万张支票。"

其他数据如下：

——在被问及他人的移动设备使用习惯时，开车时查看手机成为最令人反感的行为，占比达到38%。在公共场合大声接打手机（15%）或在社交媒体上分享过多细节（15%）并列第二，这两项行为都属于过度分享个人信息。只有7%的受访者认为，在吃饭时查看手机最令人反感。

——在被问及当智能手机的使用权被剥夺后，他们愿意用什么来交换时，有79%的人愿意戒酒或戒掉巧克力。

——当手机丢失或被盗后，有 79% 的用户担心丢失个人联系方式，还有同样比例的人担心身份和安全信息被盗。

——有 60% 的受访者愿意在今后两年使用指纹识别技术来访问移动银行应用，还有 32% 的人愿意使用虹膜技术，33% 的人愿意使用语音识别技术。

开启多屏互动时代

从多屏角度来看，目前客厅娱乐市场，最重要的一组数据就是有线电视。传统电视的收视率对比用户在新媒体（无论是移动视频、互联网视频，还是 OTC 盒子）上面花的时间此消彼长。传统电视在这个娱乐市场发生了巨大的变化。

年轻的观众持续减少，中老年观众保持稳定。从这个趋势来看，随着互联网网络视频、移动视频的崛起，以及从 2013 年一直到 2014 年兴起的互联网终端市场的爆发，年轻观众对电视的兴趣逐渐减少，2014 年呈现大幅减少的态势。

中老年观众相对稳定，这部分观众的主要诉求是看电视直播，中老年电视观众收视率保持稳定的现象不是偶然的。因为目前无论是互联网的网络视频还是手机移动端，由于国家的政策因素，在直播的领域都没有办法提供很好的服务，而中老年收视的核心诉求是看电视直播。因为现在的新媒体内容无法很好地提供直播内容体验，所以这些用户还是会有很多时间花在传统电视上。

从 PC 端看到在线视频，也就是网络视频，无论是在网络上看爱奇艺还是优酷、搜狐，都是这样的一些网络视频服务商提供的视频内容，它的用户在线时长、用户媒体时间远远超过其他一些互联网服务，不管是网络文学、电商，还是社区。这组数据，其实是代表了网络视频，它的崛起不光是影响了用户在传统电视上花的时间，其实也很大程度上侵占了用户在互联网上干其他事情的时间。现在由于互联网视频的服务商提供的质量无论是从带宽的保证，还是播放的流畅度都在提高，从 2013 年开始，视频网站都在推广高清甚至超清的战略，使用户的体验得到了保障。还有视频网站的内容越来越好，大家在网络视频看到的内容极其丰富，都使网络视频不仅侵占了用户收看传统电视的时间，同时也侵占了用户在网上干其他事情的时间，尤其侵占了 PC 互联网的时间。在 PC 互联网目前开始被移动互联网所替代的过程中，网络视频受到的影响并不大，原本以为此消彼长，当移动互联网崛起的时候，PC 业务应该会萎缩，因为在很多的领域是这样。确实，我相信大家现在在手机上用 SNS，无论是发微博还是看微信的时间远远长于在 PC 上，比如说人人这样的网站。但移动端的崛起并没有影响到用户在 PC 上看视频，PC 上看视频的用户依然在稳步增长。但在移动端的网络看视频的用户在急剧增长，说明整个大盘做大了，用户在网络视频和移动视频上花的时间更长了。

移动视频的崛起速度是很惊人的，从 2013 年下半年看到的趋势，无论是百度视频还是爱奇艺，数据都非常惊人。平均用户日使用时长，移动端超过一个小时，在热播剧、热门的内容出现的阶段，甚至可以人均时长达到一个半小时。这样的黏性非常强，用户黏性非常强的移动端视频业务具备了很强的广告价值和用户属性。每个用户每天在移动视频上花一到一个半小时时间，移动用户量的增长速度也非常惊人。2013年百度视频APP从2013年1月开始发布第一款产品，到现在经过一年半的时间，累积激活用户超过2亿，从0到2亿的过程只花了一年半的时间。但在PC上要花四到五年的时间。所以移动视频的崛起非常快，无论是从用户爆发和增长的速度，还是用户的使用时长和用户体验的优化升级迭代，都呈现了非常健康非常朝阳的发展趋势，这就给移动视频的业务发展带来了非常好的广告威信价值。

前面都是从用户的个性娱乐方面来讲，大的趋势就是传统电视、有线电视受到了互联网视频、网络视频和移动视频的冲击，这个冲击其实是目前全球范围内发展的一个趋势，是不可阻挡的趋势。大家可能会想到是互联网电视或盒子冲击了传统电视和有线电视，但其实真正冲击传统电视和有线电视的，并不是盒子产品。我们在北京地区没有因为互联网终端卖得很好而造成收视率下降，真正收视率下降的原因其实是年轻的观众并不愿意在传统电视和有线电视上花时间，而是花更多的时间在手机或者是互联网上。

行业变迁对媒体的广告从业者来说，带来的是机遇和挑战。这样的行业变化，主要体现在客厅娱乐领域，主要体现在用户从家庭的集体观看行为，逐渐转变成为个性化的多屏观看。而且这个行为的变迁在年轻观众中体现得非常明显。很多人有自己的切身体会，回到家里，现在第一时间并不是说一定要打开电视来看。几年前回到家里第一时间是看电视，打开电视看或者是接上DVD的播放器看看碟片。现在在家庭娱乐屏幕的选择上越来越多样化，大家在家里的时间，除了看电视以外，很有可能是打开平板电脑、iPad 看视频，也有可能用手机看一段视频。有可能不是在客厅，而是在卧室或者是书房里看。有可能原来一家人在一两台电视机前看，现在每个人都有了自己的屏幕，家庭成员中，老人和孩子在看电视，爸爸在书房里看平板，或者是看互联网视频，妈妈在厨房里边做菜，边看电视剧。

多屏，因为屏幕的选择越来越多样化。这几块不同的屏幕，手机屏幕、平板屏幕、电视屏幕，给用户带来的体验和内容的丰富程度和交互程度不一样。因为有这些不同的选择，而且屏幕的选择不同，造成全家人很少都坐在沙发上一起看电视，大家的行为越来越多地转变为多样化的选择。一个家庭的成员，有些人选择是在同一时间在这块屏上花时间，有些人在另外的屏上花时间。这种多样化行为的转变，越来越多地发生在年轻观众身上，年轻观众是指 20 ～ 30 岁这个年龄段的用户。老人和孩子，更多的使用习惯还是看电视。

OTT 互联网电视终端的崛起非常快，其真正爆发是在 2014 年上半年。2013 年整个的市场规模，OTT 全中国有一千万，有一千万的盒子被激活。卖出的盒子更多，我们看到不同的数据，比较靠谱的数据，大概有一千万的用户激活了互联网盒子。2014 年 OTT 用户在迅猛增长，2014 年上半年新增用户就已经超过一千万，全年是向着两三千万的激活态势发展的。

活跃的设备增长趋势，从 2013 年第一季度一直到 2014 年第一季度，都是直线上升的，而且是非常快速增长的曲线。另外，我们从城市分布来看，有很明显的一个态势：最早接受互联网视频的移动视频用户群，多半是在一线城市，但是OTT电视终端的城市分布相对来说是比较均匀的，一线城市和二线城市差不多。一线城市19%，二线城市23%，三线城市是58%。OTT终端因为有运营商的推广，硬件厂商的推广，实现了农村包围城市的态势，并不像我们想象的那样OTT互联网电视终端一开始是在一线城市铺开。我们看到的数据是，全国范围内，一二三线城市全面开花，甚至在二三线城市，一些盒子由于运营商的大力推广、硬件厂商的渠道在二三线城市发力，在边缘城市有很多用户在使用这些盒子类产品。这也说明，OTT互联网终端市场的爆发并不是偶然的，而是普适化、大众化的刚需，在中国一二三线城市有非常强烈的刚需。

为什么我们说现代的OTT互联网电视终端，并没有对有线电视市场和传统电视市场形成特别激烈的冲击？其实我们从刚刚的分析中可以看到，因为OTT的互联网电视终端并不能够很好地满足直播的需求，按照国家新闻出版广电总局规定的牌照方合作的OTT电视终端盒子，不能够提供直播服务。目前服务商提供的一些擦边球的直播服务是非常不稳定的，随时有可能被叫停，服务质量也不是很好。目前的直播服务，OTT电视终端无法和有线电视和传统电视抗衡，这块非常大的市场需求领域里，OTT盒子无法与传统电视和有线电视形成有效的竞争，现在OTT互联网电视的崛起并没有对有线电视形成巨大的冲击。

为什么OTT盒子发展更快，而且有个很有趣的现象？如果从这个现象看到它的本质，看到用户行为的变迁，就是移动视频和互联网视频崛起把用户从电视前拉走，很多用户看手机、看PC、看平板，但

OTT 互联网终端视频盒子又把他们拉回到了电视前。本来这些用户已经不看电视，因为传统电视和数字电视的种种问题，他们更愿意移动看电视。但现在因为有了互联网电视，这批不看电视的用户又回来看电视，其实它真正的本质是，互联网电视终端、OTT 电视终端没有对传统电视、有线电视的服务形成冲击，但提高了电视的开机率，让一部分用户又回到了电视机前。

看一个对比：原因主要是我们经历过用户行为三个变迁的阶段，传统电视、在线视频、多屏互动，多屏互动其实就是用户既可以选择看网络视频，也可以看手机视频，还可以看 OTT 终端电视盒子。这几块屏幕的属性不一样，造成了我刚刚所说的行为变迁。传统电视的内容相对固定，在观看过程中的交互非常弱，几乎没有交互，大家只能是被动地接受，换频道。它的优势在于观看体验非常成熟，直播是做得最好的，如果真的要看体育直播，从版权的控制来说，你要想看世界杯的直播，只能在 CCTV5 上看，网络视频、移动视频、OTT 盒子都没有转播权，而且因为多年的用户习惯养成了，大家习惯坐在电视机前，拿着遥控器找频道看。它的观看体验特别成熟，造成它现在会流失一部分用户的原因是，年轻用户不喜欢它的内容固定，也不喜欢过程中没有交互。交互程度低和不灵活，造成年轻用户不再看有线电视，但因为它的观看体验成熟、操作最“傻瓜”，直播体验最好，所以会留住中老年用户。

在线视频和移动视频因为它的内容非常丰富，目前国家对于在线视频和移动视频的审核也相对电视终端宽松一些，使得在线视频和移动视频的内容比起电视端的内容更丰富。在观看时长和过程上非常灵活，你随时都可以打开手机或者是平板看一段视频，看到中间也可以暂停回来再看，还可以平均每人每天看一个半小时的视频。移动端看视频通过七次完成，并不是连续看一个半小时，打开 APP，开开 APP 一共七次完成，它的观看非常灵活。内容丰富和观看灵活的优点，注定会留住年轻用户。但说起它的观看体验，如果你真正想看 108P、4K、蓝光还是在大屏幕上看最爽，这也就造成了现在 OTT 盒子、互联网电视发展得这么迅猛。即使 OTT 盒子、互联网电视由于政策的因素造成了没有办法做直播，还有那么多的用户喜欢，是因为它的特点在于内容精良。它的内容没有在线视频、移动视频那么丰富，因为国家对于电视屏幕这块内容的可管可控要求比较严，虽然它的内容相对来说比移动视频和在线视频少一些，但它的交互程度高，你可以选择点播，也可以选择打开不同的 APP 应用来看不同的内容。在观看过程中的交互非常高，甚至还可以用手机来控制电视这块屏。在观看过程中，由于多屏互动技术本身的特点，造成了它的交互性非常高，它的体验是既具备在线视频、移动视频的移动性、便利性，又具备传统电视的遥控器这样一个成熟的观看体验。所以我们认为，它是未来最主流的客厅娱乐的消费体验。再加上现在大家都在着力打造视频以外的想象空间，比如说移动游戏向电视游戏的迁移，比如说音乐 MV 在电视屏上的点播，还有其他的想象空间。未来多屏互动这个市场，一定是最具想象力的主流体验。它所带来的媒体价值，甚至还超过移动视频和在线视频。刚刚看到用户在移动视频和网络视频花那么长的时间，我们在未来可以有非常大的发展空间，在移动视频和在线视频上进行广告变现。但多屏互动将来会具备更强的媒体属性，因为它既具备了媒体的优势，又具备了网络视频的优势，我们认为它是未来最佳的体验。

中国手机市场进入春秋战国

中国移动内部国内智能手机出货量的报告显示，“中华酷联”竟遭遇国内二线手机品牌厂商挤对。虽然这只是中国移动内部短短一个月的出货量报告，但“中华酷联”差点全部跌出 4 月智能手机出货量前三，取而代之的是小米、酷派、VIVO 分别排在前三位，这个苗头看起来似乎不妙。低价已然换不来市场份额的规模，面对二线品牌厂商细节创新、营销、市场和用户惯性认知的冲击，如何适应市场和用户的需求变化，如何选择自己的发展模式，“中华酷联”真的该深思熟虑了。

一则来自中国移动内部对于国内智能手机出货量的统计报告引发了业内的争议，争议最大的焦点集中在这份内部报告的可信度。其实有关报告的可信度从来都是公婆各有理，此外，由于统计方法的不同，也会造成最终结果的差异。当然结果的差异往往是有人欢喜有人忧、有人乐来有人怒，甚至会被某些厂商当作宣传的噱头和工具。

作为成熟的企业，应该冷静和客观地面对各种机构和来源的统计（不排除有的统计确实有失偏颇），从中发现自己存在的问题，比去争个所谓的排名要有意义得多。而作为旁观者，我们无意无端质疑某些报告的真实性，只是希望借助报告及我们对于产业的了解和厂商的策略，窥探出产业的发展趋势和启示。

众所周知，“中华酷联”之前一直是中国智能手机产业发展的代表。当然这个代表指的是智能手机的出货量。据 IDC 发布的报告显示，在 2013 年的全球智能手机市场，中国本土厂商增速迅猛，华为和联想挺进前五，中兴第六，酷派位列第七。在国内市场，“中华酷联”也占据了接近 50% 的智能手机市场份额，而这一成绩的取得靠的是低价规模（以利润换市场）模式。这得益于联想所主营的传统PC业务，华为、中兴主营的运营商和企业网业务类似模式的复制。也就是说，联想、华为、中兴的优势就在于低价和规模。至于酷派，从 3G 时代起，走的就是低价规模的路子。这也是为何联想手机 2014 年刚开始盈利，华为手机利润偏低及中兴手机亏损的主要原因。

我们并非否认“中华酷联”的这种发展模式，毕竟随着规模的保持和扩大，其成本势必会降低，盈利能力的提高是早晚的事情。不过从中国移动内部的统计报告看，“中华酷联”的这种模式正在遭遇挑战。

按照中国移动的统计，2014 年 4 月份智能手机出货量排名前三的分别是小米（175.4 万部）、酷派（144.3 万部）和 VIVO（137.3 万部），往日的“中华酷联”，只有酷派进入了前三。而酷派之所以能够进入前三，与其在 4G 智能手机的先发低价策略（例如千元 4G 智能手机）又密切相关。需要说明的是，酷派手机的 ASP 仅为 800 ～ 900 元，远远低于小米 ASP 的 1800 元和 VIVO 的 2000 元，即便是如此悬殊的 ASP 下，酷派在出货量上也未能拉开与排名第三的 VIVO 的差距，二者的出货量相差不到 10 万部。

除酷派之外，与其 ASP 处在同等价位段的联想则被挤出了前三，只排名第四，要知道此前联想始终是中国市场的前三。而华为、中兴虽然ASP高于联想和酷派，但仍低于小米和VIVO，尽管如此，华为只排在了第六位，与ASP同样在2000元左右排名紧随其后的OPPO出货量相差无几。至于中兴，出货量已跌至两位数（以万为单位），仅为31.4万部，排在第十位。

从上述市场排名的变化和分析看，代表中国智能手机产业发展的“中华酷联”系，或者说它们代表的低价规模模式正在被瓦解，即低价已然换不来市场份额的规模。

究其原因，除了小米、VIVO和OPPO这些曾经的二线品牌厂商，凭借着细节的创新和营销的外部冲击及市场和用户之前形成的惯性认知外，最重要的是“中华酷联”对自身的策略调整不当。其中最典型的就是中兴，为了追求所谓的利润，中兴2014年在终端策略上的调整相当激进，即大幅压缩产品线，试图以精品、高利润策略取而代之，但无奈的是，中兴在智能手机方面的创新能力并不足以支撑这样的发展模式，结果就是出货量的大幅下滑。至于利润上，试想一下，不到小米和VIVO出货量的1/5，即便利润是人家的5倍，充其量也就打个平手，更何况中兴手机的利润远没有那么高（即便是走高端精品路线）。如果真是这样的话，还不如继续坚守原来的发展模式。中兴如此，华为、联想、酷派亦然。关键是看如何坚守。

不过就像本书，中国移动的内部报告，尤其是一个月的出货量报告并非具有完全的客观性和代表性，但仍不失为一个提醒。即传统的“中华酷联”系单纯的低价规模模式，已然不能适应市场和用户的需求，改变在所难免，而如何结合自身的能力（不要冒进），并从中选择最适合自己的发展模式，对于未来传统“中华酷联”模式的延续还是被新的“中华酷联”（例如小米、VIVO、OPPO 等）取而代之将至关重要。

平板电脑的王者之争

2014 年 7 月，小米 CEO 雷军在自己的微信公众号发文解释小米进军 Android 平板的原因。他表示，苹果一次又一次羞辱 Android 平板市场，总得有人先站出来。“Cook 说 Android 平板都是垃圾，小米不服气，那我们就做给你看看。至少能让用户在 iPad 之外，多个又好又便宜的选择。”

雷军认为，做小米平板的核心在于建立生态链。只有充分重视了生态链的建立，才有机会把它做好。同时，还必须基于成熟的生态链：小米平板选择 Android 系统，使得 Android 领域的一部分应用直接能用；选择了英伟达的 Tegra K1 处理器平台，使得 PC 游戏很容易移植；用了和 iPad Mini Retina 版一样的屏幕、一样的分辨率，目的就是方便 iPad 应用的移植工作。

雷军表示，最难的是有没有决心推动 Android 平板生态。三星、华硕们做了平板，但没有出大力气去推动平板生态。因为大伙儿都不太乐意自己先埋头傻出力栽树，但让后来人一起乘凉。毕竟，跟着别人沾光才是最合算的事，但是小米愿意给行业做些贡献。

以下为雷军公众号原文：

不少米粉一直都在呼吁我们做平板，在此之前市场上的 Android

平板也不少。但为什么小米创业四年后我们才开始做？因为平板是个非常难做的产品。

苹果CEO Tim Cook没少挖苦Android平板。2013年他说，iPad占据了平板市场81%的流量份额，众多Android平板加起来不过19%。2012年他甚至还说过，所有的Android平板都在仓库里或者用户的抽屉里吃灰。

从硬件角度看，Android平板并不是很难做。市场上各类Android板满天飞，有的很贵要好几千元，也有很多性能很差的平板便宜得出奇。但最后你会发现，国内外各品牌各种价位的Android平板，都卖得不好，卖出去的也很少有人用。

问题出在哪儿？还是生态链。

手机是具有鲜明基本功能的设备，具备打电话、发短信这两项功能，手机就能卖了。就算Blackberry的系统、微软的Windows Phone系统，用的人不多，但不妨碍打电话、发短信，就能卖。

平板就不一样了。作为“重内容消费型”设备，它其实没有某种自有硬需求锚定的核心功能，可以这么说，平板所有的功能都依托于生态链的内容、服务供给支持，一台没有足够应用和游戏等内容支持的平板电脑跟一块板砖没差多少。

两年前，谷歌第一代Nexus 7发布之前，我就跟Hugo Barra聊过这个话题。那会儿他还在谷歌负责这款产品，我说Android平板很难做起来，就是难在没有优秀、足量的应用和游戏生态链支持。没有好的应用生态，就没有多少用户愿意来用Android平板；而没有很多用户来使用Android平板，也就没有多少开发者愿意为Android平板开发和适配好的应用。

所以，做小米平板的核心在于建立生态链。只有充分重视了生态链的建立，才有机会把它做好。

做生态链也需要一定的方法：

1. 一定要基于成熟的生态链。

首先我们选择了Android系统，使得Android领域的一部分应用直接能用；然后，我们选择了英伟达的Tegra K1处理器平台，这款处理器非常强大，采用的最新架构跟桌面PC级终端一致，这就使得PC游戏很容易移植。

最重要的是，我们选用了和iPad Mini Retina版一样的屏幕、一样的分辨率，目的就是方便iPad应用的移植工作。做过游戏的都知道，最难的部分就是切图，每次切图、每次做一遍交互都是巨难无比，但基于iPad Mini的版本重新适配下就会变得很容易。至少在小米平板发布初期，移植生态链是整个工作的核心。

2. 更难的是，有没有决心来推动Android平板生态？

这个决心不容易下。通常来说，生态链的推动者通常都是芯片厂商和操作系统厂商，而不是设备商。这不仅仅在于号召力，也有关利益分配得失的考虑。因为前两者的努力可以尽得回报，ARM出力，所有ARM架构平板的市场利益都不会少了它；Intel出力推动，那X86架构的平板市场产出也都有它一份。

而品牌设备商来推动生态圈的建设的话，付出在一家，其他竞争者却能跟随受益。

这就不难理解，三星、华硕做了平板，但没有出大力气去推动平板生态。因为大伙儿都不太乐意自己先埋头傻出力栽树，但让后来人一起乘凉。毕竟，跟着别人沾光才是最合算的事。

在决定要做小米平板时，有同事问我，咱真要做那个先出大力的“傻子”？我说，算了，苹果一次一次羞辱 Android 平板市场，总得有人先站出来吧。我们也很清楚，这需要多大的努力付出，而且如果我们成功了，能给其他设备友商多开一条路，提供更多便利，届时友商们只要出屏幕比例、分辨率兼容的设备，就能直接分享 Android 开放的应用生态链的成果了。

但总得有人先栽树是不是？既然不少用户需要 Android 平板，小米愿意给行业做些贡献。Cook 说 Android 平板都是垃圾，小米不服气，那我们就做给你看看。至少能让用户在 iPad 之外，多个又好又便宜的选择。

我们的底气是过去几年里，我们也已经有了一些生态链建设的积累。我们有了全世界最优秀的 Android 深度定制系统之一的 MIUI，它已经有了移动互联网上活跃度最高的5000多万用户，围绕它的生态圈，聚集了业界最优秀的开发者群体。Android 平板是难做，但我们愿意试一试。如果这都做不成，那说明 Android 平板这块产品真不靠谱，我们也认了。

移动互联网行业继续发展的下一步，内容消费的权重将会越来越大，机会也将越来越多，Android 平板大有可为。所以，我们希望行业内优秀的开发者和 CP 们能跟我们一起努力，给 Android 平板更大的应用和内容支持。这不仅仅是帮助小米平板，而是将开拓出 Android 智能手机之外又一个巨大的市场。

平板产品在视频、阅读、游戏等领域，有超出智能手机的用户体验，面对这个全新的产业机会，小米愿意带个头，推动新行业生态链的建设。

全行业的有志之士，我们一起来栽树吧！

新锐市场——印度人的智能鞋

智能穿戴领域无疑是移动互联网下一个重大风口，当科技巨头在为智能手表、智能眼镜摩拳擦掌，准备大干一场的时候，印度传来重磅消息。印度初创公司 Ducere Technologies Pvt 将于 2014 年 9 月开始发售一款具有蓝牙功能、名为“Lechal”的智能鞋，售价将超过 100 美元。

“Lechal”印度研发，中国制造

近日据外媒报道，印度在可穿戴技术领域取得重大进展，印度初创公司 Ducere Technologies Pvt 将于 2014 年 9 月开始发售一款具有蓝牙功能、名为“Lechal”的智能鞋，该鞋通过蓝牙技术实现与安装“Lechal”APP 的智能手机数据同步。

这款名为“Lechal”的智能鞋，可利用谷歌地图的语音提示和物理震动来提醒使用者前进和转向，以此来帮助用户到达目的地。

用户只需通过文字和语音交互告诉手机需要到达的目的地，而后就可以把剩下的工作交付给“Lechal”，因为“Lechal”智能鞋可通过

左鞋或右鞋的振动声，提示用户是前进还是转向。

据悉，“Lechal”智能鞋和可拆卸鞋垫在印度设计和研发，生产和制造通过中国的厂商完成。鞋子和鞋垫有红色或黑色可供选择，售价在 100 美元至 150 美元之间。

智能鞋的灵感源于刚需！

Ducere 公司创立于 2011 年，创始人是两名印度工程师，他们曾在美国学习和工作过。目前 Ducere 的员工数已达到 50 人，总部位于印度塞康德拉巴德市。

根据世界卫生组织的统计数据，全球大约有 2.85 亿视障人士，其中大部分是在印度。

虽然手杖可以帮助视障人士探测到障碍物，但不能告诉他们该走哪条路或什么时候转向。劳伦斯表示：“所以我们参与进来，填补这一空白。”

在印度语里，Lechal 的意思是“带我走”。最初，Ducere 开发“Lechal”智能鞋，旨在帮助依靠手杖行走的盲人。

“Lechal”的未来计划

Ducere 公司联合创始人劳伦斯表示，这些鞋子和鞋垫将于 2014 年 9 月登陆指定商店。“Lechal”智能鞋的订单已达到 2.5 万双，预计到 2015 年 3 月销量可达到 10 万双。

劳伦斯称，Ducere 已获得了三位天使投资人的支持，为了对产品进行营销，该公司正计划再融资 400 万～500 万美元。但他拒绝透露天使投资人的名称或他们投资的金额。

Ducere 还计划与非营利性组织和视力保护机构合作，以优惠价格向视障人士出售“Lechal”智能鞋。

第六章

移动互联网时代——互联网金融

金融是经济的血液，任何一个时代都无法忽视金融对于产业的作用，而移动互联网时代催生出来的互联网金融，似乎威力巨大却又更加难以驯服！

互联网金融的逻辑

OTT 作为互联网思维中最热门的蓝海走势，此刻正全面将焦点集中在互联网金融领域，特别是支付宝、余额宝、微信支付等诸多时下大红大紫的产品身上。

伪 OTT 余额宝利润从哪儿来

作为互联网金融最大的明星，余额宝承受了极大的赞誉，并被看作是继微信之后的又一个成功绕过传统运营商，实现 OTT（过顶传球）的互联网产品。

在几乎是一夜暴富的庞大规模之下，一个数据则更能说明问题。据统计，余额宝平均每个账户 3300 元，属于典型的“小散”性质。也就是说，恰恰是最普通的市民群体，或者称之为屌丝群体，才是这些“余额宝”的最大金主，这些钱当然大多是从他们的银行账号上挪移而来的。

利益无疑是驱动这些互联网金融产品被庞大的屌丝群体疯狂点赞的关键，余额宝收益率为 6.4% ～ 6.45%，这样的“活期”业务收益，俨然比银行的定期利率都高。

但余额宝并非真正意义上的OTT，因为如此高的收益率，并非来自投资，而是钻了银行为了揽储而出现的存款利率“漏洞”上。余额宝们把钱从银行账户里转走，通过货币基金绕一圈又以大额存单的形式回到银行。

银行俨然就是帮助“各种宝”创造互联网金融奇迹的始作俑者，这只能怪银行自己，即使利率提高的今天，这种剪刀差依然存在，就给予了“各种宝”机会。

这其实恰恰解答了人们内心的疑问，即收益从哪里来。而钮文新的炮轰，反而在一定程度上让人们对“各种宝”有了更清晰的认识。

所以，如银行无根本上解决剪刀差的良方出炉，“各种宝”将会得到更加野蛮的生长良机。而钮文新等寄希望于上级监管部门的取缔，则可能难有下文。

互联网金融就是众筹

疯狂掠夺银行存款的余额宝们、支持打车应用烧钱大战的移动支付们，已经拉开了互联网金融的大幕，但一旦剥去互联网金融神秘的面纱，露出赢利的本来面目，则不再神圣。

互联网金融只是利用互联网的构架而让传统的金融模式获得更广泛和更自由的衍生，并得到更多的场景应用。互联网金融并不代表互联网赚钱，它的投入和风险同样巨大。但这并不能阻止众多互联网公司杀入这个战场。而目前可实现的互联网金融项目，则主要是以下三类：

一是类似余额宝式的投资理财产品。这是用户增值业务，难点在于如何保持高回报以确保客户不流失，如无漏洞可钻，靠基金进行各种投资和投机，其高增长率和风险状况都难以预测。且此类模式需要有强大的原始积累，目前家大业大的余额宝、微信理财通等依靠第三方支付平台鏖战而形成鼎足之势的支付宝和财付通，才有此实力，并已形成先发优势。其他则更接近于打酱油。

二是移动支付们，这是用户付费项目。这块天地目前看来，同样是财大气粗的阿里系和腾讯系的天下。所不同的是，其他公司将可以借助O2O模式，以接地气的形式，辅助移动支付形成更多的支付场景。如何选择和移动支付建立互通口，而不是自建一个全新的移动支付平台，将是未来的互联网热潮。

三是已经出现两年多但并没有太多发展的众筹平台，这是用户投资和创业的项目。由于缺乏较理想的项目，这个平台互联网巨头渗入较少，成长缓慢。虽然目前众筹环境在国内已经得到改善，但在缺少创新产品的中国，国内众筹目前更像是电视创业秀的网络版。

其实，从本质上来说，无论互联网金融在未来出现何种全新的项目类型，但其实际上都是一种宏观的众筹，即利用互联网平台的便捷性和可操作性，最大限度地吸引草根和屌丝参与其中，而非过去传统金融更注重大客户的形态，以聚沙成塔的形态，将小额资金变成一个长尾，从而形成互联网金融的长尾效应，实现在理财和消费两个方面的核聚变。

互联网金融本质没变

互联网金融必然对涉及金融的各个领域带来极大的影响，只是它依然逃不过传统金融在投资、理财上的固有瓶颈。

互联网金融产品特别是投资理财类产品之所以如此受到屌丝欢迎，这是在中国投资理财环境长期压抑下的一个总爆发。在国内，普通人投资理财的渠道受到极大局限，而互联网金融在投资理财上许下的收益率和安全性诺言，让对金融完全业余的屌丝们找到了自己的蓝天，也极大地吸收了众多社会游资。但除了“散户”聚成“大户”，互联网金融并没有改变金融行业的实质，理财投资依然是按照最传统的方式进行，只是让钱换了个储藏柜罢了。

而移动支付们则更悲催，在盈利前景尚没有展开之初，它不仅不能像“各种宝”那样空手套白狼，还要烧上数亿元用打车应用来收揽用户，靠“抢红包”来培养用户习惯。

在完全还没找到自己定位和盈利模式的互联网金融面前，超高速膨胀的用户规模和与日俱增的所谓互联网思维的神话，其实就是一颗最为危险的定时炸弹，一旦出现金融风暴、国家政策调整或其他不可预知的市场风险，其可能瞬间就被自己聚集起来的巨大雪球所引发的雪崩淹没，更会被人们的口水淹没。

毕竟互联网金融还没有自己的思维，它所采用的手段不过是将传统金融那些不为屌丝所熟悉的“套路”网络化，而不是进行了创新。它较之团购、APP 等大热之后跌落尘埃的互联网项目来说，更幸运地碰对了中国大众的心理，但它依然还是很像一个互联网泡沫。阳光底下没有什么新鲜东西，对于互联网金融来说，同样适用。

余额宝开启互联网金融之门

2014 年 6 月，余额宝上线满一周年，货币基金市场产生了爆发式的增长。但随着监管的收紧、收益率的下滑，十字路口的“宝宝”们又将何去何从？

银行系加入混战

面对“宝宝”洪流，多家银行在2014年陆续推出了自己的宝类产品，有效进行了反击。如民生银行以如意宝打头阵，平安银行推出平安盈，兴业银行的掌柜钱包、兴业宝，工行薪金宝，中行活期宝，包括中信银行上线的“薪金宝”等都是银行对“宝宝”们的反击之作。

银行的进入，开辟了一条颠覆传统模式的互联化道路。2014年5月，正式上线不足3个月的民生银行直销银行（下称“民生直销银行”）就晒出了自己的成绩单：截至5月15日，民生直销银行开户数35万户，如意宝规模为139亿元。3月底，兴业银行的直销银行也正式上线了货币基金产品。兴业银行银银平台推出的“掌柜钱包”产品，5月时的规模则已经突破400亿元，表现出强劲的吸金能力。

相对于中小银行，大型银行推“宝”类产品显得低调很多。例如2014年年初工行推出的“薪金宝”产品，仅在部分分行推行，中行的“活期宝”推出之时并没有做大面积的宣传。

近来在电商系“宝宝”七日年化收益率纷纷跌破5%之际，银行系“宝宝”仍然有不少七日年化收益率还保持在5%以上。

收益下滑之困

以余额宝为代表的互联网金融，搅动了整个金融行业尤其是基金行业。据基金业协会统计数据，截至2014年5月底，货币基金规模达到 1.92 万亿元，相比整个公募基金 3.92 万亿元的规模，货币基金占比高达 48.93%，而 2013 年年底这一比例仅 24.9%。

2014 年以来，货币基金规模增速惊人，在 2013 年年底，货币基金整体规模仅为 7475.9 亿元，而 2014 年前 5 月共增长了 1.2 万亿元左右，增幅 157%。从具体数据来看，1 月至 5 月，分别增长了 2056.52 亿元、4701.37 亿元、344.13 万亿元、2937.64 亿元和 1687 亿元。

在余额宝效应下，巨头们纷纷涌入，如 BTA、京东小金库、三大运营商等已经进入，基金公司们开始抢占更多的入口。然而随着“宝宝”们的收益在 2014 年以来一路下滑，也促使货币基金规模增速出现下滑趋势。

Wind 数据显示，2013 年第四季度，货币基金“宝宝”（可实现 T+0 的货币基金）7 日年化收益率均值为 4.73%，2014 年这一数值为 5.13%，而到了第二季度下降至 4.44%。统计显示，2014 年前 5 月，货币基金“宝宝”7 日年化收益率均值分别为 5.59%、5.53%、4.47%、4.55% 和 4.30%，呈现出明显的下滑趋势。

然而，随着银行系“宝宝”的强势加入、收益率下滑趋势明显等方面的影响，互联网货币基金“宝宝”开始表现出疲态。余额宝规模曾出现下滑，货币基金整体的规模增速也出现放缓，而且在余额宝之后，行业也没有出现新的亮点。

监管之争

“宝宝”们面临的困境，不仅限于市场竞争以及收益的下滑，还有监管的“紧箍咒”。

近期，市场传出货币基金“提前支取不罚息”已经被监管叫停。此前一位基金行业人士就宣称，部分银行实质上已经开始在协议中加入了“提前支取罚息”的条款。

“综合来看，货币基金之所以敢把超过七成的仓位配置协议存款，其提前支取不罚息的优惠是一个基本条件。”华泰证券（7.52，0.05，0.67%）相关报告称，如果这一优惠没有的话，也就使货币基金成为了一颗定时炸弹，以摊余成本法计价的货币基金将变得不堪一击，因此货币基金必然会寻找其他的投资标的进行代替，目前货基的运作通用法则也将有所改变，货基的玩法将全部重来。

除了“提前支取不罚息”逐步取消之外，“宝宝”的监管讨论从2014年年初就已经开始。2014年2月份，银行业协会就提出应将“余额宝”等互联网金融货币基金存放银行的存款纳入一般性存款管理，不作为同业存款，需按规定缴纳存款准备金。

随后央行调查统计司司长盛松成也两次撰文表示，余额宝等货币基金投资存款应缴纳存款准备金。

除取消不罚息特权，存款准备金等也是央行监管“宝宝”的手段。这也使得“宝宝”们的收益存在更多的变数。

比特币的前世今生

比特币（BitCoin）的概念最初由中本聪在2009年提出，最初流转于互联网极客圈子里。2013年，全球金融从业者进入比特币阵营，尤其是中国玩家的加入，让比特币开始被公众所了解。比特币从最初的一文不名到2013年年内冲破1000美元大关，投机属性初现，引来了政府监管层的普遍关注！

但是，比特币是否仅仅是一种投机的工具？其背后的互联网和计算机技术能否为实体经济服务？理性回归之后，互联网金融圈内开始思考如何再次开发比特币技术，从而应用并创造出真正的使用价值，我们称之为“比特币2.0版”或“二代币”。

本节基于比特币块链（block chain）技术，结合当下火热的众筹概念，设计了一种保护知识产权的众筹模式，以期解决在我国仅靠法律保护知识产权效力不足的问题，通过技术来更好地保护对知识产权的合法所有权和使用权。

比特币块链技术带来的创新

怎样建立一个不需要第三方的P2P（Point to Point，或Peer to Peer，也译为“点对点”）信用体系，是中本聪设计比特币的核心目标。产生这一理念的主要原因是，依靠第三方建立起来的信用在使用时成本很高（主要依靠国家机器和传统银行），同时这种信用保证在某些领域效果很差，比如知识产权交易领域。

中本聪解决了比特币的重复支付问题，相当于阻止了破坏信用的造假币行为，核心技术就是通过块链，盖时间戳并记账，从而全网广播进行确认来保护对比特币的所有权。这就相当于如果有陌生人告诉你一个消息，这个消息是否为“真”不能确定，但是如果全互联网所有你信任的人都确认这个消息为“真”，那么就完全可以相信该信息的真实性。因为这个过程中假的成本能高到没有边界，这就是所谓互联网上 P2P 的信用。

比特币基于块链技术上的 P2P 信用建立这样一个过程：全网通过解 SHA256 密码题，竞争每十分钟一个块链，能竞争到的前提是必须把这十分钟全网的交易都盖上时间戳并且正确地记账，最后算力最大者通过全网确认其记账的正确性，可以得到比特币奖励，这也是所谓挖矿记账的原始动力。中本聪设计前四年每十分钟块链竞争优胜者可以得到 50 个比特币的奖励，四年以后减半，依此类推。然后大家继续在这个已经全网确认可信任的块链基础上，再竞争下一个块链。比特币的每一个块链，就是这样一个建立 P2P 信用的平台，它把这十分钟之内的全网比特币交易都盖上时间戳并记账，然后通过全网确认获得 P2P 信用背书，让比特币世界从此承认这个块链包括其中交易账单的合法性。

比特币块链技术，第一次在全球互联网上通过“挖矿”（记账）竞争，通过全网确认的方式，有效建立了一个不需要第三方的 P2P 信用体系。这是人类历史上的一个伟大创造，也为人类互联网时代在金融、商业、政治竞选等方面的创新提供了全新的视角和机遇。

比特币块链基础上的“数字证书”有效保护知识产权

在比特币的块链技术基础上，继续发展出很多二代创新。比如合约币 XCP，可以在以比特币质押基础上，利用块链技术，发行新的不可分割数字资产，也就是利用块链机制建立新的信用。我们可以设想在这个基础上把知识产权授权的唯一性、防伪造、不可分割性，与块链上的不可分割新合约资产 XCP 对应起来，建立“数字证书”概念。以合约币为例，知识产权交易所可以将一个标的知识产权，如字画、音乐、著作权等，拆成一千个等分电子产权的合约币，并在协议上发行，每一个等分都是用算法保证的不可再分、无法伪造的，并且代表了标的知识产权的千分之一的权益。这些交易信息将会被写入比特币区块链，持有人的权益被比特币底层挖矿机制的强大算力所保护，当标的知识产权增值后，权益的持有人可以使用同样的方式在合约币协议中卖出手中的权益获利，并且由于合约币是在比特币区块链上，发行方还可以定向地对持有者用比特币进行分红。

除了合约币、万事达币的知识产权保护解决方案之外，基于比特币区块链上还有一些其他的办法。其中包括彩色币解决方案等，也就是将一些小额的比特币进行“染色”，用有色的比特币来代表一份知识产权，由于不可再分性解决方案非常烦琐，以及权益拥有者可能会将染色币不小心当作普通币花出去等风险的存在，所以在现阶段应用起来有一定难度。另外还有一些比特币区块链外的解决方案，比如比特股（Bitshares）、未来币（Nxt）等。

基于比特币块链的知识产权众筹

众筹（crowd funding），是一种以“团购+预售”的方式，向网友募集项目资金的模式。众筹相对于传统融资方式更加开放，能否获得资金也不再是由项目的商业价值作为唯一的标准。只要网友喜欢的项目，都可以通过众筹方式获得项目启动的第一笔资金。众筹具有低门槛、多样性、依靠大众力量、注重创意等特征。

根据众筹项目成功后给投资者的回报属性，目前公认的众筹模式有四种：捐赠众筹、回馈众筹、债券众筹和股权众筹。在我国，主要以商品回馈众筹模式为主，捐赠众筹和股权众筹受到一定的法律政策限制，规模较小，而债券众筹就是我们狭义上讲的 P2P 网贷。

文字、音像等一类知识产权较难得到保护的产品，一旦发布出去，很容易被盗版者窃取，一方面给版权作者造成经济上的损失，另一方面产品品质在盗版传播过程中会下降。从经济学角度来看，由于法律手段保护知识产权的成本较高，市场缺乏一种保护知识产权的正向激励，对于已经获得知识产权的商品（如文字、音像）的消费者，没有动力保护其已经购买的商品，而是宁愿把一本书或者一个专辑免费分享给身边的人。假如有一种机制，能够让前期购买正版商品的人获得经济上的收益或补偿，那么只要这种激励足够大，就能够保障知识产权不被盗版，以防止盗版的传播。

设想通过比特币的块链技术，来构造一种知识产权众筹系统。以比特币 2.0 版的合约币 XCP 为例，当一个新的知识产权众筹项目发布以后，支持者可以通过人民币或数字币进行众筹。值得说明的是，根据中国人民银行的规定，以比特币为代表的数字币并非货币，而是一种“虚拟货币”商品或者资产。所以，众筹的过程可以是筹钱，也可以是筹商品或者资产，广义众筹是对零散资源的一种整合。众筹过程中数字币并没有发挥任何货币功能，比如价值尺度或支付手段功能。

当众筹支持者用人民币或数字币支持项目成功后，知识产权众筹平台将发放给该支持者用合约币加密或绑定知识产权的“数字证书”，同时该支持者获得对应于该知识产权的一个合约币特定账户。用合约币加密或绑定的知识产权使用权唯一，且所有权和使用权不分离，不能无偿分享而只能转让给他人，将知识产权及产品转让给他人的同时，自己便失去了对该知识产权的所有权和使用权。这就做到了对知识产权使用权唯一的保障，使用权不能共享防止了盗版，提高了品质。那么，如何给先入者足够的经济激励，保证他们传播正版知识产权？我们引入合约币分红的概念，这种分红机制是利用比特币块链分红算法，全网公开是用技术来保证透明性和公平性，不会因为人为参与的因素，产生道德风险。但凡涉及资金或钱的问题，都会产生道德风险问题，道德风险是所有 P2P 网贷、众筹难以回避和解决的问题，也因此有了很多携款跑路的惨痛教训。所以，希望利用比特币块链技术，开发基础协议，避免人工分红，通过全网公开，利用透明性保证机制的公平性，从而有效解决这个问题。

对于先入众筹的支持者，比如前 1000 位，众筹平台将给其分配红色的合约币钱包分红账户。对于第二、三批的众筹支持者，给其分配蓝色、黄色的合约币钱包分红账户。对于后进的支持者将以一定比例的溢价进入众筹，比如 10% 的比例，通过溢价收入给先入者分红，所有的分红使用合约币 XCP 的方式，所有的分红算法全部写入比特币块链程序，任何人包括平台的管理者都无法更改，这样就可以保证所有众筹及分红的客观性和公平性。值得说明的是，这里的所有分红采用合约币的方式，是一种典型的回馈众筹，而非股权众筹，同时，众筹过程并没有保证支持者或投资者能够获得固定收益，所获回馈合约币的多少，要根据该知识产权受到市场反响的程度而定，是让市场决定一种知识产权的价值和回报。

相关政策和法律问题

对于建立基于比特币块链的知识产权众筹模式，有两个法律问题尤其需要关注：一个是如何将知识产权授权与数字资产“数字证书”对应起来；另一个是众筹发行涉及的监管原则和法律底线。

知识产权类的众筹产品在发行时，应得到原作者的书面授权，给予每一个众筹产品或数字资产以“数字证书”，来证明众筹支持者得到的是正版商品，其拥有权和使用权合二为一。任何想获取该知识产权商品的人，只能够通过正版授权模式去购买，从法律和技术上禁止了盗版的可能，加大了盗版的成本。

监管者对于众筹最关注的问题，莫过于“非法集资”和“非法发行证券”。在我国捐赠众筹和股权众筹发展规模有限，主要受到现有法律政策的限制。基于比特币块链的知识产权众筹，并非捐赠、股权众筹，应该归入回馈或商品众筹模式。

与普通回馈众筹一样，众筹支持者可以得到相应的商品回报；与普通众筹不一样的是，众筹支持者还能得到不定量的数字币作为“分红”回报。而这种“分红”并非股权，也并非现金，它是一种商品或资产，它的价值完全取决于市场对它的评价和估值。

此外，这种数字币“分红”，并非是靠投资者基础信用支撑的典型意义上的投资回报，而是一种销售模式所得的额外收入。先入众筹者有正向的经济激励来宣传正版产品，这是一种激励相容的销售策略。至于数字币能否兑现，则需要符合当时当地的法律和政策规定。

2014 年 7 月 1 日消息，据国外媒体报道，美国加利福尼亚州州长正式签署了一项法案，使得包括比特币在内的其他数字货币成为合法货币（仅在加州）。

报道称，该法案隶属于“法律货币”，名为AB129。它规定:“当使用各种形式的替代货币购买商品和服务以及其他的支付过程中，要确保这些替代货币，包括数字货币、优惠券、点数以及其他物品等不得违反相关法律。”

加州议会议员Roger Dickinson解释说，在有关人员为本条法律的生成而战时，现代商业的范畴已经远远超过了现金和信用卡。对他本人来说，法律只有跟上时代的步伐才是合理的。此外，由于该法案没有专门指出比特币，所以其他州的政府也可能效仿此举。

据了解，2014年比特币在市场上连受重挫。首先是全球最大比特币交易平台Mt.Gox宣布破产，之后是各国政府对其施压。不过进入5月份之后，比特币正在回暖，苹果允许首款比特币应用软件在APPStore上架，另外，谷歌也在7月开始支持比特币的价格走势图登上其财经页面。

P2P网贷平台

一批P2P公司倒下去，一个个P2P公司站起来。这个现象虽然被称为“乱象”，但也足以证明P2P公司大浪淘沙下对专业、规范的要求，以及广泛需求下大有可为的空间。师兄帮帮忙的创始人申磊也二次创业一头扎进了P2P，他新创立的P2P平台“理财范”在2014年3月正式上线。

师兄帮帮忙目前正在与一个教育集团进行战略合作，把运营的点进一步聚集到考研和职业培训上。明确了这个运营方向之后，申磊把师兄帮帮忙交给另一位联合创始人，自己开始了二次创业。“这次我一定要找一个在大方向上能快速起来的领域”，申磊选择了互联网金融。

理财范一共有四位合伙人，其中有两位是申磊的清华校友。2013年，申磊考虑了很久要如何对师兄帮帮忙以及他自身做大方向上的调整。那时，他再一次收到了理财范现在几位合伙人的邀请，希望能一起做互联网金融项目。申磊考量了这个合伙人组合手里的资源：一方面，因为其中一位合伙人是金融圈人，有一定的金融资源；另一方面，他自己非常熟悉互联网运营和推广。申磊觉得这样的组合做互联网金融还是有些优势的。而且，他本身对金融很感兴趣。所以，他决定接受邀请开始在互联网金融领域创业，他们选择了这个领域目前最热、而且格局未定的P2P。

理财范的模式，简单地说，与我们之前介绍过的“有利网”有些类似，都是采取与线下渠道合作的方式来获取优质借款人资源，自身只做借款人和出借人之间信息对接的平台。但理财范选择的线下合作对象不是有利网选择的小贷公司，而是融资性担保公司。

与其他P2P平台普遍的做法一样，理财范也为理财用户提供担保，但不同的是，它设立的是三层风险分摊机制。

第一层，融资性担保公司推荐的借款企业项目，一旦发生逾期或者坏账，由该融资性担保公司提供代偿；第二层，平台收取融资性担保公司整体收益的30%作为风险保证金；第三，对担保公司进行再担保。

由于融资性担保公司都有自己聚焦和专长的行业领域，理财范上的项目根据合作的融资性担保公司的不同而分布在不同领域，有的是汽车行业，有的是茶叶等食材行业，有的来自于闽商等商帮里的项目等。但这些项目都有一个共同点，就是都是实体企业。

对于借款企业，分别由融资性担保公司和平台对其进行双重审核。当融资性担保公司对企业进行线下调研的时候，理财范的业务团队也会一起去做考察。对于融资性担保公司推荐的企业，平台会进一步对企业资质做真实性的审核。同时，会着重审核融资性担保公司提供的担保函，一旦出问题要负无限连带责任。并且，要求企业做足额的资产抵押。所以，理财范上展示的借款企业必须要有比较好的现金流、注册资本上千万。

在这样一套风控审核机制下，并非企业想借多少钱都可以。在由理财范平台对企业的资质和资产做完评估之后，平台会对企业的融资金额进行判断，进而使其借款额度在其偿还能力范围之内。目前，理财范上的企业借款额度都在 1000 万元以内。

目前，理财范上的企业借款周期主要有3个月、6个月、9个月、1年。从已经成功的几个借款项目来看，企业融资成本最高不会超过 20%，作为实体企业从银行借款的补充，综合成本约 10%。这个利率是由企业跟融资性担保公司协商确认的。

而对于理财用户来说，理财范设定的起投点是 1000 元人民币。这个数额大于有利网的 50 元起投点，小于爱投资这样起投点为 1 万元的大标的 P2P 平台。划这样一条线，申磊的解释是：一方面设置一定的门槛甄选“合格投资者”；另一方面有利于吸引更多的互联网理财方面的长尾用户。

若将起投资金作为判断用户风险喜好的一个标准，相较而言，愿意投资 1000 元以下的用户，大多更青睐余额宝这种货币基金理财产品；而愿意拿出至少 1000 元来理财的用户，他们的诉求点更多是如何保障资金安全的同时有更高的收益。但申磊也不倾向于把起投点设得太高，为的是吸引大量中间部分的潜在用户。

继有利网、拍拍贷等企业成功获得千万级风险投资后，又一业内领先 P2B 平台理财范受到投资人青睐，成为年内第七家获得投资的 P2P/B 互联网金融企业。6 月 25 日，理财范正式在京举行 A 轮战略投资签约仪式，并同时推出“大学生创业融资孵化计划”。

最新发布的《2014 中国 P2P 借贷服务行业白皮书》显示，据不完全统计，2013 年 10 月以来，几乎平均每天就有 1 家平台陷入资金链断裂或处于倒闭状态，然而在各种投资者对 P2P 行业的质疑声中，也不断有 P2P 企业获得 VC/PE 的投资。

实际上，互联网金融早已成了当下一个绕不开的话题，而作为互联网金融重要分支之一的 P2B 模式必定前景可期。虽然 P2B 行业还属于摸索阶段，但是随着行业的逐渐成熟，互联网金融体系的监管逐步到位，P2B 行业将会有一个爆发性的发展。

“虽然 P2P/B 行业监管尚未成型，但成熟的平台在逐渐加强自我监管，行业整体洗牌阶段也即将到来。对于高成长性的 P2P/B 企业应该及时给予资金支持。选择理财范，我们更看重企业背后的团队，从融资性担保公司到互联网金融，再到创投机构，拥有复合背景的专业团队才能为客户呈现一个安全、稳健、高效的投融资平台。”

根据理财范理财平台数据显示，在其上线后短短两个月即实现撮合资金过亿的成交额，更借此成为年内P2P/B行业黑马，跻身行业前列。理财范作为时下领先的P2P平台，为投资者提供一站式资产配置理财服务的同时，针对中小企业提供迅捷、低成本的直接融资渠道。而区别于普通的P2P企业，理财范设定了企业准入标准和担保公司准入标准，与融资性担保公司合作，并要求企业提供足值的反担保措施，能有效保障投资者的资金安全。

早在2012年，理财范CEO申磊创办的首个校园社区服务平台——“师兄帮帮忙”，就已获得著名风险投资机构IDG的资本投资，因此理财范对本轮风投的合作模式并不陌生。在获得投资之余，理财范更延续了帮助大学生创业的平台理念，正式启动“大学生创业融资孵化计划”。

选择从“师兄帮帮忙”抽身创办理财范，多源自申磊等人对当今大学生创业难的亲身经历。申磊介绍，现在的大学生对创业有较高的热情，但创业过程中屡屡碰壁，没有合适的机会，缺少便捷的资金渠道，更难见专业的指导，单靠学生自己很难成功，因此我们希望在“师兄帮帮忙”的平台基础之上，推出一个能够切实为大学生创业提供帮助的平台。

2014年，理财范将在其平台全新推出“大学生创业融资孵化计划”，与国内二十余所知名高校合作，为有项目资金需求的大学生提供帮助。依据天使投资人、实力雄厚的投资机构出具的书面评阅、评估结果，为已成立公司、尚在产品研发阶段、项目规划初期的大学生，提供项目投资以及经验支持，推动大学生创业。

此次发布会，理财范还与CFCA正式签约，成为中国金融认证中心安全认证的互联网金融平台。在此认证基础上，投资方代表对理财范平台未来的发展给予高度的展望。在新一轮投资进入后，理财范平台服务将继续深化，为大学生创业者提供更加完善的融资服务。

在过去，一说到理财产品，通常会伴随着几个形象，专业、咨询、金融、资本。这些高大上的概念交织在一起，让人们敬而远之。近几年，银行的利息已经不能满足人们的需求，于是人们就开始把目光转移到互联网理财上。普通大众在选择理财产品时，通常非常纠结。主要有三个原因：一、很多大众投资者无法理解理财产品本身是如何获利的，对于是否真的能获利表示担忧；二、理财产品投资起步金额不低，对于一般家庭来说，还是要慎重考量；三、偶有理财产品巨亏的消息传出，弄得人心惶惶。

理财范 CEO 申磊认为，互联网金融在产品上，需要简单、直接、明了，这样才能真正做到以客户为中心。理财范 P2B 理财的投资对象是实体小微企业，这些企业全部由具有严谨科学的风险控制系统的融资性担保公司推荐，担保公司能够快速地判断借款方的还款能力、还款意愿等，这会让用户免于痛苦的抉择。理财范先后与 6 家顶级融资担保公司建立了战略合作关系，并以“5+1”三重担保模式为投资人提供 100% 本息保障。这样大幅降低了用户的选择成本，为理财业务打下了扎实的基础。

从投资者角度看，P2B 模式确实大大降低了投资风险和选择成本。按照监管规定，融资性担保公司主要是与银行业金融机构约定，承担债权人的担保责任。在商业银行，当企业要做抵押贷款时，在大多数情况下银行只认房产，而对于企业提供的设备、产品等抵押物，银行基本不愿意出力去评估，所以就会要求企业去找一家担保公司出担保函，一旦贷款出现问题，银行就可以把风险转移给担保公司。

申磊补充道："理财范的项目是担保公司审核完后，平台再审，平台尽量详尽地披露借款企业经营状况、盈利能力、抵押物、资金运转情况等信息。P2B模式的担保角色不是网站自己，而是正规持国家牌照、受国家监管、实力雄厚的融资性担保公司。之所以选择融资性担保公司，是因为其本身就是金融体系中最专业的担保机构，具有特许金融牌照，受到国家金融局的监管，而主要业务都是承担企业在银行贷款的担保，因此具有最高级别的担保及代偿能力。另外，由于借款企业一定都有足额的抵押物作为反担保措施，所以担保公司也是在自己能承保范围内开展担保业务。这样，用户可以根据担保公司的实力来判断是否投资。"

在理财范上线的一个月内，凭借做最为用户着想的理财网站的服务理念，其树立了良好的品牌形象。相信通过不断发展和完善，互联网金融P2B模式能发挥更大的能量，既扶植小微企业，又为大众提供更好的理财服务。

随着中国金融领域改革的不断深入，互联网金融创新层出不穷。特别是网上融资平台的出现，不仅降低了金融服务的门槛，也提高了普通民众的投融资效率。但在P2P网贷平台飞速发展的大背景下，其安全问题已经越来越突出，据统计数据显示，仅2013年就有64家网贷平台出现提现困难或倒闭、跑路的情况。

如何辨别分析网贷平台以及投资项目的安全性、可靠性，这是P2P投资人最关注的问题。有业内人士告诉记者，在当下大数据应用还不成熟的基础上，通过传统金融手段对所融资企业进行严格审核，这是目前降低投资风险最有效的办法。

“通过调查融资企业相关资质、经营状况、盈利能力、抵质押物、资金运转情况等信息，通过相应数据的分析对其进行信用评分，可以让投资者直观地了解到所投资企业的真实状态。”理财范 CEO 申磊告诉记者。

作为国内首推信用评分体系的 P2B 平台，理财范上线 4 个月融资额就已突破 2 亿元，并迅速完成 A 轮融资，受到业内广泛好评。记者通过该平台的某融资项目可以看到，理财范对企业法人的身份证、个人信用报告、企业的营业执照、组织机构代码、银行开户许可证、税务登记证、验资报告、经营场所租赁合同、近三年的财务报表进行调查，最后评分为 88 分，信用等级为 AA 级。

正规的 P2B 平台设有独立的风控机制，有大型融资性担保公司担保，对于融资项目的审查甚至比银行更加严格。“凭借担保公司和我们平台风控部门专业的信审流程、完善的风控体系、丰富的投资经验，可以挖掘出极具投资价值的企业和项目信息”。

同时，专家也提醒投资者，一个安全的 P2B 理财平台需要有以下三个核心要素：一是非真空监管，平台有保荐机构担保，具备相关资质。二是实地考察项目，对融资企业进行多方信用考察。三是融资企业方具备抵质押物，保荐机构缴纳风险保障金。如果具备这几重保障，其安全性并不弱于传统银行。

P2P 网贷黎明前夕的黑夜

南京一家名为“创鑫贷”的 P2P 网贷平台已经“跑路”，该网站 6

月 11 日开始已经停止更新，并且客服电话无人接听。创鑫贷采用的模式也涉嫌非法集资。这是本月第四个疑似跑路的网贷平台，在此之前还有网金宝、科讯网与融信宝三家网贷平台相继消失。

而更早之前，众贷网、铂利亚、铜都贷、福祥创投、安客创投等多达数百家 P2P 网贷企业或是倒闭，或是跑路，它们往往以“投资理财”“基金管理”“创投”“风险投资”等多种名目来骗取投资人的资金。这期间各类媒体也一直在报道相关新闻，我们不禁会想，为什么还是会有人上当，难道这些鲜活的案例无法给这些投资人敲响警钟？

实则不然，这些投资人是明知山有虎偏向虎山行，根本原因还是利益诱使。根据我国关于民间借贷的相关法律法规，民间借贷最高收益率不得高于同类银行最高利息的四倍，一般为 22% ～ 26%，超出该范围则不受法律保护。换句话说，民间借贷的收益比银行定期利息，甚至比货币基金高出很多倍，这样的利益诱使，相信无人可以抵挡，P2P 网贷也不例外。

至于为何经常出现 P2P 网贷平台倒闭，或是跑路的新闻，我想无外乎还是以下三点原因：

其一是“伪”P2P 网贷平台，这类企业一开始就没有打算做 P2P 网贷平台，而是希望通过 P2P 网贷这种新兴的方式，进行非法吸储，再利用庞氏骗局一样的手段拆东墙补西墙，享受网贷资金流给自己带来的红利。这种模式本身就是个骗局，但是由于高额利益的驱使，所以还是会有很多人上当受骗。

其二是遭遇“投资人”集中挤兑，导致破产，这是比较常见的现象之一。很多小型 P2P 网贷平台，由于自身资金利用的原因，当市场出现一些风吹草动，便会遭遇投资人集中挤兑，由于自身资金储备问题，这个时候往往就会出现无款可提的尴尬。所以这些小型P2P网贷平台，一般都会选择限制（单日）提款金额，从而降低被挤兑的风险。

其三是因为征信能力弱，导致较高的坏账率，正常应该为3%以内。目前大部分P2P网贷平台缺乏独立的风控体系，更难寄希望于央行的个人征信系统。以某P2P网贷平台借贷为例，其审核流程仅仅是央行征信报告与远程查看用户网银流水，对于有意骗贷的不法分子而言，造假成本过于低廉。

综上所述，资金周转、借贷人征信体系将是P2P网贷竞争的核心壁垒，谁能真正掌握好这两点，或许才能平稳等待到黑暗后的黎明。或许这才是制约P2P网贷发展的真正原因，又正如佛教中所谓的“三毒”，即贪、嗔、痴，这是人之本性。

值得庆幸的是，有关部门正在加强对P2P的监管力度，国务院已经决定由银监会牵头来承担对P2P的监管研究。据悉，相关监管细则将在下半年出台：其一是强化平台的中介性质；其二是避开平台自身的担保功能；其三是防范资金池的出现；其四是规定非法集资的界限。

而当相关细则一出，洗牌或不可避免，一大拨P2P网贷将会在新政出台后倒闭，这也可能是诱使一些P2P平台提前“套现”走人的原因。一份研究数据显示，中国的P2P网贷规模或将达到万亿级别（2013年P2P网贷市场规模为1058亿），其庞大的喷发式市场释放以及其中充满诱惑力的蛋糕，也吸引了各类企业的参与。

而老牌金融机构都已于近两年杀入P2P网贷市场，无论是资金监管、风险控制能力，还是资金运转、资金储备能力，这些企业都优于当前的这些“纯互联网公司”。长期来看，这些传统金融企业的P2P网贷业务，更加具备可持续发展性。

进一步说，随着后市P2P牌照发放，几大P2P平台的角逐将会升级，P2P行业会展开一场关于品牌与营销的全新战争。而现在更像是黎明前的黑夜，稍有不慎将会被黑夜所吞噬，熬过去了就是美好的明天。当然了，底子不干净的那些企业，就算当前已经洗白，也难逃被淘汰的梦魇。

说一个P2P行业的好消息，国外P2P网贷平台Lending Club拟于近期IPO，其估值更是达到40亿美元，这给混乱的中国P2P市场，打了一针强心剂。可以预见的是，随着Lending Club的上市，将会有一批P2P网贷平台可以融到新的资金，这在接下来的竞争中尤为重要。

众筹

随着国内互联网技术的发展，互联网金融越来越普及。众筹为互联网金融的一种创新模式，意指创业企业通过网络平台向多个投资者募集资金的筹资方式。

投资网指的是利用互联网手段进行投融资的一种方式，天使众筹是指多名投资人通过合投方式向中小企业进行天使轮和A轮投资的创新形式，由投资网络平台提供对接服务。投融界依据自身的投融资服务经验分析认为，如今盛行的标准化众筹，正是投资网站的一种新尝试。

不久前，《中国天使众筹领投规则》在北京正式对外发布。《领投规则》明确了众筹的基本流程，可以更好地解决创业企业和投资人在标准众筹过程中由于“多对多”所带来的复杂沟通成本问题，进一步促进中国天使投资行业走上正规化、标准化，让投资人和创业者均能从中受益。

相比传统的投融资方式，标准化众筹可以为创业者提供更友好的标准投资协议，尽量减少风险投资条款中的不平等条款和陷阱合约，帮助企业获得资金以外的战略资源，找到真正能帮助项目成长的天使投资人，提供钱以外的附加价值，进而让企业能够多轮、快速、小额、按需地获得融资。

众筹等现代互联网金融模式的发展将大大降低交易成本，金融脱媒已成大势所趋，众筹主要包括四个要点：一是集合众人之力，核心的众人有可能是一个人（非特定），也可能是社会公众。二是其核心是资金，是一种融资的金融行为。三是基于互联网实现，即完全通过线上进行的行为。四是投资方式多种多样，不同的市场有不同的投资方向。基于对回报性质的判断，众筹一般分为捐赠、债权和股权三种类型，天使众筹属于股权众筹。

投融界认为：互联网金融的生存核心是对风险的控制和优质资产的把握，目前互联网金融要解决的基本功能仍然是风险管理，包括风险定价、识别，也包括价值发现。互联网金融具有跨界穿透和收益相对较高两大特点，具有较强的吸引力。不过能否取得长足发展，仍取决于政策。如果没有政策创新的支持，很可能流于阶段性、过渡性的形式。因此，当前既不能过高夸大互联网金融的重要性，也不能低估互联网金融的影响力。

总而言之，投资网站尽管进入门槛不高，但后续的发展则对互联网平台本身的资源对接能力有较高的要求。并且，发展互联网金融尚需更大程度的金融政策开放，鼓励互联网金融企业更多地创新。因此，希望有更多的互联网金融企业进行先行先试，使得互联网金融得到更快发展，从而让互联网金融的优势惠及更多的中小企业。

众筹的监管

2014 年 6 月，第一届新金融联盟峰会上，全国人大财经委副主任吴晓灵提出对网络借贷（P2P）和众筹融资的监管建议，指出纯信息平台应是监管的基本底线，此外还应该要求投资者分散投资，用投资财产比例和封顶金额结合的方式限制投资者网络借贷和众筹股权的金额。吴晓灵表示，对网络借贷和众筹融资的监管建议有三点：

第一，纯信息平台应是 P2P 和众筹监管的基本底线。“网络借贷最大的风险点就在于它有资金池。现在一些平台主动提出第三方存管，这是防止风险很好的措施，但只是防范平台卷款逃跑的风险。要控制借款人的风险，还是需要征信体系的建立”。

第二，小额分散是对投资人保护的重要方法。吴晓灵提出，信息真实披露是对融资方的基本要求，限制投融资方的金融是降低信息披露成本的重要前提。在投资方金额比较低和少时，即便出现风险，对投资方的影响也不大。这种情况下，信息披露可以适当降低标准，因为目前的征信系统难以充分、完全地披露信息。

此外，在财产登记制度不健全的情况下，出于风险考虑，设立的可投资的财产比例金额可适当扩大，但应有封顶金额。

第三，鼓励民间建立征信公司，有利于促进融资的发展。吴晓灵表示，会有越来越多的政务信息公开，这些违反纪律和法规的行为在网上可以查询到，应鼓励民间征信系统整理这些信息。央行正在准备发放民间征信公司的牌照。

第三方支付会回归小额、专业领域的支付。而第三方支付销售金融产品，会在传统金融业务的网上销售中失去强劲的势头，只有网络借贷和众筹融资会有广阔的发展前景，其融资量不会高于传统金融，但它们服务的人群会有极大的拓展空间。

征信体系的缺失使得 P2P 很难健康发展，很多公司都走向了间接融资的误区，只有具备征信能力的公司最终能走向正确的方向。而基于电商平台的网上借贷因有其特有的征信体系，所以能健康地发展。

对于互联网金融，与会嘉宾普遍认为规模无法与传统金融抗衡。民生银行董事长董文标认为，银行应该让互联网金融去做这个市场，银行应该发挥自己的强项，根据自身特点去做新的市场。

民生银行股东史玉柱则认为，互联网金融最多能达到传统金融规模的 20%，也就是规模到 30 万亿就已经很了不起了。

第七章

移动互联网时代——电商

电子商务已经展现它的威力，它的实力毋庸置疑，而移动电商还需证明一件事：什么时间超越传统零售！

移动电商

艾瑞咨询（iResearch）根据 eMarketer 的统计数据发现，2013 年美国移动端的电子商务交易额达 388.4 亿美元（约合 2425.6 亿人民币），相较 2012 年的 248.1 亿美元（约合 1549.4 亿人民币）增长 56.5%，预计到 2017 年移动商务交易额将高达 1085.6 亿美元。

驱动美国移动端电子商务交易额增长的主要原因有以下三点：第一，移动电子商务交易额的迅速增长，得益于智能手机和平板电脑等移动设备的普及。数据显示，2014 年 4 月，美国智能手机用户达 1.66 亿人，智能手机普及率超过 50%，庞大的移动智能终端用户为移动电商提供了巨大的市场潜力。第二，相较于 PC 端电子商务，移动电子商务具有独特的优势。移动电子商务因为接入方式无线化，使得网络范围延伸更广阔、更开放，进而消费者可以随时随地购物。第三，消费者的购物习惯已发生转变。移动互联网的产生和发展改变了人们的生活方式，移动网购以便捷和价格低廉的购物体验吸引了越来越多的消费者。此外，电商在移动电子商务上发力，采用打折促销等活动，进一步促使用户逐渐养成了移动端购物的习惯。

报告：美国零售全渠道转型及中国零售践行 020

一、美国零售全渠道转型战略

传统零售商触网机遇——就在当下；

美国电商增速仍很强劲，预计将超过零售增速和个人消费支出增速；

零售板块营业利润率处于长期高点；

亚马逊正在投资于直送体系，以扩展规模提供更多品类；

受冲击较小的公司也在认真考虑投资全渠道。

美国零售商全渠道战略

1. 建立全渠道——投资全渠道可以更好地运用已有的规模、品牌和渠道（门店）资源，然而投入比较大，打压短期回报。

2. 解决价格差——由于产品很容易与亚马逊等网站比价，品牌商品零售商的毛利率将受压制。

3. 认识、了解消费者——实体零售商与消费者的交流较少，获得的信息不足。而网购还可以促进数字化营销和客户关系管理。

4. 脱媒：中间商将进入一场战争，品牌商处于有利地位。网购使品牌商很容易发展直销，虽然他们仍需要合作伙伴在线下展示。

投资全渠道——竞争的关键

直送：如果规模不足，物流中心配送的经济效益可能优于门店配送。

门店配送：必备选项。需要门店设计和人员设置上的投资。

Best Buy 称 40% 的网购订单在线下取货，Home Depot 的这一比例为 20%。

线上执行能力：线上、线下运营需要的技能完全不同，例如数字营销和优化搜索。

店内技术设施：辅助店内互动的手机APP，网上支付、比价和信息获取工具。

目前美国市场实施情况：样本中目前只有24%的零售商提供网购门店自提，18%提供门店配送；受亚马逊威胁的部分硬件零售商是门店自提比例最高的（50%），同时免费配送的门槛也最低；百货急切地需要发展全渠道能力，约40%提供门店自提，大部分可以从门店配送；TJX（折扣服装店）正在准备发展线上业务，以应对闪购网站的冲击。

脱媒趋势

零售商在产品销售过程中分一杯羹，其提供的服务与产品设计、生产和品牌营销不同，零售需要客户服务、物流、市场反应等技能。

具有高知名度的品牌，尤其品牌代表了一个品类的，如Nike之于运动品、Hershey之于巧克力，垂直整合并且专营这些品牌的零售商有一定优势。

销售第三方品牌产品的零售商更可能被脱媒，但：

（1）不是所有商品都适合直销（如书、音乐）；

（2）直销需要投入成本，建立自有渠道也要做很多准备；

（3）即使对于建立了直销渠道的品牌商，通常也不会拒绝有更多的零售商展示他们的商品。

二、中国传统零售：O2O变革的机会及挑战

行业观点

1. 行业技术变革、拥抱互联网带来的估值修复行情。

2. 行业基本面没有变得更差，但是股价 price in 比预期差很多。

3. 中国零售商遭遇的两大问题：1、商品、消费者研究能力、客户关系管理系统（CRM）和 IT 水平不高；2、商品价格会降低、客单价会下降，生活压力依然很大。

4. O2O 本质是精准营销，以及降低消费者的信息搜寻成本，提高信息、产品、价格透明度。但 O2O 能否带来消费者的下单，还是取决于零售商能否提高整个产业链的效率，降低产品价格、减少代理层级等。

中国零售商的挑战：

买手能力——商品经营能力、自采自营；

卖手能力——客户关系管理、IT 系统、数据挖掘能力、消费行为分析等。

O2O——演化中的线上、线下融合模式

O2O 即线上至线下，一般指将网络（或移动互联网）用户带入线下实体店，进而引导消费的一种模式。

O2O 主要分为四个步骤：

• 由需求引流：可以是折扣优惠需求、推荐需求、比价需求等。

• 支付：支付宝和微信支付具有规模优势。

• 信息载体：移动终端的短信和二维码是目前通用的形式。

• 消费体验和服务：强化品牌忠诚度。

基于服务的 O2O 模式：携程、大众点评、团购网站为典型代表。

最早的网络广告、分类信息网站，可以说是一种 O2O 的雏形。1999 年创立的携程，2003 年创立的大众点评网通过网络将大量的本地化酒店、餐饮等实体资源整合，同时满足了消费者和商家的需要。它们远早于 2008 年成立的美国团购始祖 Groupon 和 2010 年左右开始的国内团购潮。团购主要提供三类产品：餐饮、服务、娱乐。这些都是运用网络流量和客户群体，整合本地商户，将网购不能直接提供的服务需求引导至线下消费。但由于团购门槛低、利润率低、计划性消费等特点，在移动终端普及的新阶段不再具有优势。

基于产品的 O2O 模式：传统零售逐步践行

全渠道零售的 O2O 主要针对产品消费，尤其适于体验性较强的非标准产品，如生鲜、家具橱柜、定制化的服装和眼镜等，消费者可以网上订购熟悉的实体门店中认可的商品，到门店自提或在家等待送货上门，成为店内体验的延伸。

国外 O2O 演化的商业模式还有：

• 用网络和智能手机的资源整合作用，组织本质上无组织的行业（Getaround 社会化租车服务，Uber 豪华轿车租车服务，Airbnb 民居短租服务）；

• 满足个性化需求的定制服务（J Hilburn 和 Trunk Club 为男性提供线上定制、上门量体裁衣服务，Jetsetter 为会员计划旅行）；

• 为供需双方提供匹配的网站（Zaarly，类似移动版的赶集、58 同城），等等。

国内企业的实践

苏宁云商

• 线上、线下同价、会员信息统一、服务统一。

• 全员微信好友圈互动，将公司和门店促销信息在好友圈推送。

• 门店 APP 可以及时推送门店促销优惠活动信息。

• 门店互联网化 1.0 版本：免费 Wi-Fi，随系统自动更新的电子价格标签；二维码扫码。

• 门店不仅可以销售有形商品，也可销售金融保险等无形虚拟商品或二维码商品。

• 门店可以作为配送点、网购自提点、售后服务点、推广营销服务点。

• 门店可以作为线上其他品牌的展示体验区。

银泰百货

• 百货和购物中心全面 Wi-Fi 覆盖。

• 结合第三方服务商账务的过往消费记录，进行精准营销。

• 根据用户手机定位推送附近门店的信息。

• 根据门店停留时间、实际购买的交易流水单信息，完善消费者行为和交易数据。

天虹商场（9 月 13 日深圳宝安店与微信的合作开始试运行）

• 关注“天虹”微信即获会员卡（已有会员卡可绑定微信），会员可在商场享受免费 Wi-Fi，免费停车 3 小时和购物积分。

• 微信逛街：实体店可视化。

• 预约活动、新品，商品预售。

• 个性订阅喜欢的品牌，不受无关信息骚扰。

• 微信购买礼品卡送给亲友，可在全国任一天虹实体店消费。

• 整合会员信息，方便会员价、积分等的使用。

• 互动游戏，获得礼品和优惠券。

• 智能微客服：与客户随时沟通获得反馈。

国外企业的实践

英国连锁商超 Asda（沃尔玛子公司）

• 网上购物付款，实体店取货；门店配送。

• 手机 APP 提供随时比价，承诺比竞争对手便宜 10%（Tesco，Sainsbury's，Morrisons or Waitrose）。

美国家电连锁百思买

• 低价保证：如在竞争门店或网店中发现售价更低的，公司将补偿差额。比价的竞争对手包括 Amazon，Target，Walmart，Tesco 等主要线上、线下零售商。

• 免费送货，提升网站搜索能力。

• 网上购物付款，实体店取货；门店配送；40% 的网购交易通过门店提货。

• 店面缺货时通过网络下单。

• 网上预约上门维修等售后服务。

全食食品超市 Whole Foods Market

• 顾客用手机应用选择美味食谱生成购物清单。

• 通过手机搜索最近 WFM 超市购物，建立自己的美食档案，在社会化媒体上与朋友分享。

沃尔玛

• 鼓励消费者在实体店面使用自家的应用程序。每间分店都有特定"领域范围"，应用程序会自动侦测地点，进入店里会自动切换成"店内模式"，消费者就可以接收到即时更新的每周特惠商品信息以及新品资讯。

• 网上下单，门店自提。

• 店面缺货时通过网络下单。

• 手机感应条码得知价格、统计购物篮中的商品总额。

• 快捷付款。

塔吉特 Target

•“我的购物单”功能，在购物之前你可以生成这个单子，并可以管理、存储以及找到你朋友的购物单。

• 搜索你附近商店的位置，查看商品是否有货以及存放的位置。

• 其他的特色功能包括条形码扫描、商品介绍、折扣和优惠券推送以及语音识别等。

美国 JC Penny

• 在任何时间按照设定的搜索条件找到你满意的商品以及评论。

• 通过 jcp 积分、购物卡以及 PayPal 账户购买；可以实现手机购买送货上门或者到最近的商店自提。

• 查找附近的商店和商品的库存状态；随时联系线上的客服代表等。

西田购物中心（Westfield Malls）

• APP 除了提供购物中心周边地图以及商家名录外，还具有搜索的功能，通过搜索你不仅可以发现想去的商店，还能找到心仪的商品、餐厅以及活动。

• APP 还整合了 OpenTable 以及 Movie Tickets 的服务，为你提供餐厅预订以及电影票购买服务。

·新版 APP 还具有类似于 Siri 的功能，通过语音可以为你寻找商店、方向等。

家得宝

·通过扫描二维码或 UPC 码获得产品以及用户评价信息，并可以通过 Twitter、Facebook 以及邮件与朋友们分享，或者在“我的购物单”中收藏这些产品。

·其他的主要功能还包括查看商店位置、查看店内有货商品及摆放位置，店内地图，购买或赠送电子贺卡，信息反馈，收看数百个 DIY 视频。你还可以 APP 实现随地购买，店内提货。

女性网络购物的强势崛起

《2014 年中国网络购物用户行为研究报告》显示，2013 年中国网络购物市场中，超过三成的网络购物用户全年网络购物频次在 40 次以上，且超过六成的中国网络购物用户累计购物金额在 3000 元以上，用户网络购物习惯在逐渐深化，其中女性网络购物频次及金额整体上均高于男性，是中国网络购物市场的主力人群。

女性用户网络购物频次整体上高于男性用户

2013 年网络购物频次在 3 次到 30 次之间的用户占比过半，另外有超过三成的网络购物用户网络购物频次在 40 次以上。2014 年 5 月 7 日，阿里巴巴向美国证监会（SEC）提交的招股说明书中数据显示，淘宝用户在 2013 年购物频次平均每人 49 次。中国网络购物用户的网络购物习惯在逐渐深化。整体看来，女性网络购物频次超过男性。另外，网络购物频次在 40 次以上的用户中，女性占比超过男性近 20 个百分点，女性用户是中国网络购物用户的重度用户。

2013 年，超过六成的中国网络购物用户累计购物金额在 3000 元以上，其中，累计购物金额在 20000 元以上的网络购物用户占比超过一成，消费在 3000 元以上的女性占比高于男性，女性支出整体高于男性支出。另外，累计购物金额在 100000 元以上的女性占比，比男性高出近 20 个百分点。

女性用户网络购物常购服装类商品，比例远高于男性用户

除手机话费充值外，2013 年中国女性网络购物用户常购的商品种类前三位依次是“服装鞋帽、箱包、户外用品类”“化妆品及个人护理用品类”及“家居百货类”。其中，女性需求第一的服饰类商品占比比男性高了 13.3 个百分点。另外，基于女性自身装扮与护理需求，“化妆品及个人护理用品类”也成为其最常购买的商品种类之一。相对来说，男性网络购物用户对手机彩票、IT 产品及通信产品的购买需求比女性更为旺盛。中国网络购物市场经过十多年的发展后，市场逐渐走向成熟。随着各家企业品类拓展的积极推进，及网络购物用户群体消费理念的逐渐成熟和消费习惯的日益稳固，未来将有更多的用户通过线上渠道购买商品，而女性用户作为网络购物的主力，将继续推动中国网络购物市场的快速发展。

聚美上市

聚美优品美国纽交所成功上市，市值直逼40亿美元。陈欧手握聚美40.7%股份，身家一夜破百亿。然而一将名成万骨枯，一场华丽的大胜背后是乐蜂网的无奈躺枪，而这看似平常的成王败寇背后，是美国红杉资本蓄谋已久的一场完胜！

聚美成功上市陈欧身价破百亿

2014年5月16日晚，垂直化妆品电商网站聚美优品在美国纽约证券交易所成功挂牌上市，股票交易代码“JMEI”，聚美优品开盘价27.25美元，较发行价22美元上涨23.5%，总股本1.42亿元，市值约合38.7亿美元。聚美优品4月11日向美国证券交易委员会（SEC）提交招股书，拟融资4亿美元。

5月6日，聚美优品提交更新版招股书，聚美优品将发行价区间定为每股美国存托股价格19.5美元至21.5美元，拟发行950万美国存托股（ADS），并授予承销商最高142.5万股ADS的超额配售权，最高融资额约为2.35亿美元。

新加坡基金管理公司General Atlantic计划以聚美优品发行价认购最高1.5亿美元股票。

按照22美元的发行价计算，聚美优品最多将融资4.26亿美元。

招股书显示，截至2013年底，聚美已连续7个季度实现盈利。

文件显示，聚美优品2011年、2012年和2013年成交总额分别为9226.9万美元、3.273亿美元和8.166亿美元；2011年至2013年净利润则分别是亏损402.9万美元，盈利810.4万美元，盈利2500.4万美元。

在持股方面，聚美优品联合创始人兼CEO陈欧，持有聚美优品40.7%的股份，为聚美优品第一大股东。另外，联合创始人戴雨森持股比例为6.3%，董事陈科屹持股10.3%，红杉持有18.7%，险峰华兴持有10.3%，真格基金持有8.0%。

80后首席执行官陈欧伴随聚美成功挂牌交易身家暴增，所持股份市值按发行价计算达到11.2亿美元。

聚美顺利上市背后是乐蜂的提前出局

2014年2月14日，唯品会突然宣布将乐蜂网收入麾下，战略投资乐蜂网1.125亿美元现金，持股比例75%，李静携乐蜂提前出局。

而在2013年，聚美优品、乐蜂网两家垂直电商在美妆领域仍难分伯仲，口水战、价格战大小战役不断，其间也不乏商战经典，两家分别创造了乐蜂“桃花节”、“聚美周年庆”购物狂欢节。两家垂直电商PK，强强对抗，却拥有太多相似之处。

乐蜂网由著名主持人、制片人、东方风行传媒集团创始人李静于2008年创立。

聚美优品创立于2010年，前身为团美网，由80后海归陈欧创立。就是在聚美优品创立的同一年，陈欧牵手韩庚推出聚美优品地铁广告，为自己代言，一战成名。

“李静像一阵风走进包间，朋克感短款黑夹克、哈伦裤、铆钉黑靴，微微抬手到胯间say‘hi’时，我看到她手上是一个骷髅图案的装饰戒指。这一切，彻底颠覆了电视荧幕上那个知性优雅的形象。”环球企业家记者这样描述乐蜂网创始人李静。

“我是陈欧，我为自己代言。”相信这句广告词早已不陌生，个性张扬不按常理出牌的水瓶座性格，恰好诠释了聚美优品创始人陈欧的风格。“你只闻到我的香水，却没看到我的汗水；你有你的规则，我有我的选择；你否定我的现在，我决定我的未来；你嘲笑我一无所有不配去爱，我可怜你总是等待；你可以轻视我们的年轻，我们会证明这是谁的时代……”这则被打上青春励志标签的广告蹿红网络，“陈欧体”模仿热潮更是一路高涨。陈欧在接受媒体采访时自嘲道：“广告词和聚美的创业史有关，算是屌丝的逆袭。”现在大家都猜到的结局，乐蜂暗淡离场，聚美华丽上市。李静只能感叹既生瑜，何生亮。

而外界传闻乐蜂创始人李静放弃乐蜂网的一部分原因是，追赶聚美优品比较吃力。据乐蜂网内部人士透露，乐蜂网盈利艰难，而且整体获得新客成本居高不下。垂直电商艰难，对手强大，李静已疲惫不堪。

而这一切的背后、幕后都有一只无形的大手在推波助澜，它就是：美国红杉资本。

乐蜂网是由主持人李静 2008 年创立，乐蜂网母公司东方风行集团 2008 年 4 月就获得红杉资本 A 轮千万人民币级别的融资。

聚美优品成立于 2010 年，2011 年 3 月获得红杉资本千万美元级别 A 轮投资，红杉持股 18.7% 为第二大股东。

唯品会 2008 年 12 月创立于广州，2012 年在美国纽交所上市前，红杉持有唯品会 19.3% 的股份。2013 年红杉经过几度抛售唯品会股权套现，如今占股 15% 左右。

三家垂直电商幕后均出现红杉资本身影。

而红杉抢占三家垂直电商风口，却是对美国资本市场的精确判断：“中国的垂直电商行业实际增长很快。且在过去三年，化妆品垂直电商行业已成长为一个市值225亿到365亿美元的市场，而且还有更大的成长空间。而且因为它们做的是细分市场，所以并不会和阿里巴巴有直接的竞争关系。”美国华尔街分析师称。

乐蜂的暗淡退出，虽然李静称这是一次普通的战略投资，而不是外部猜测的乐蜂网被出售或者被收购。但在业界已是共识，聚美优品和乐蜂网两家同门却不同命运的背后，是资本使然，红杉资本是其幕后最大推手。聚美优品和乐蜂网上市二者只能选其一，2013年两家鏖战，就注定是一场古罗马式的角斗游戏，只有一人能活着离开。从今天看，这个被选中的幸运儿就是聚美优品。

时至聚美上市，迷雾解开，红杉资本通过资本运作，兜售乐蜂网嫁入唯品会，聚美优品赴美IPO，实现价值更大化，红杉资本通过聚美上市实现一石三鸟，牢牢掌控特卖+细分电商。通过遥控三家公司，实现资源的再次重组整合，纵向整合上下游供应链，实现资源优化，横向向服装、鞋包、奢侈品电商进军。

京东布局O2O

京东布局O2O，是一场蓄谋已久的阳谋。京东的野心远不止于此……

“腾讯入股京东”发布一周之后，3月17日京东在国家会议中心高调宣布 O2O 布局。

京东宣布与包括快客、好邻居、良友等来自 15 个城市的上万家便利店以及 ERP（企业资源计划系统）服务商进行合作，在交易、结算、物流和售后方面开展 O2O 业态。

用户在京东下单后，商品将直接由便利店通过京东的物流系统派送至用户手中，最快可以 15 分钟内送达。

京东、天猫两雄相争，似历史重演

2014 年是电商的上市年，阿里、京东几乎同一时间向美国证券交易委员会（SEC）提交上市申请。

这一幕与三年前的互联网视频龙头之争惊人的相似。

2010 年 12 月，土豆网和优酷网这两家国内最大的视频网站先后向美国纳斯达克、纽约交易所递交了上市申请，分别募集资金 1.2 亿美元和 1.5 亿美元，优酷确认将于 12 月 8 日正式上市交易。

在经历了前几轮中国互联网产业的上市潮之后，这回轮到了一直被称为“烧钱机器”的视频网站。

互联网从来不是赢和输的游戏，而是生和死的战场。

优酷、土豆之争的结果，今天已经路人皆知。

成王败寇，优酷笑傲江湖，称霸互联网视频，土豆被优酷鲸吞，王薇黯淡离场。

京东拳拳到肉，阿里扑朔迷离

历史总是惊人的相似，而相似的近义词不是相同，而是复制。

京东、天猫两位电商界的天之骄子，同时赴美上市。

相比较京东上市前的拳拳到肉，阿里的上市则显得扑朔迷离。

京东联姻高富帅腾讯，笑纳易迅、拍拍，坐拥微信入口，正当气势如虹，兵多将广。

反观阿里合作人制度香港受挫，赴美已成唯一选择。

天猫作为阿里集团上市最高超的桥段，遭遇京东猛烈重击。元气大伤。

行军打仗讲究一鼓作气再而衰三而竭。

不能一气呵成，势必元气大伤。

此间桥段似乎与三年前优酷、土豆在纳斯达克门前一脚的明争暗斗相比，更具戏剧性。

除媒体所曝的王薇离婚案，又有多少不为人知的刀光剑影，如今已经蒙上了厚厚的历史尘埃。

而这一切京东似乎早有预谋。

互联网的商战完全不亚于一部好莱坞荡气回肠的大片。

有种、有料、有趣。

暂不说内行了，光是外行看这一猫一狗便觉得颇为有趣。

2012 年 1 月 11 日，淘宝商城正式更名为“天猫”，并面向全球设计师征集天猫品牌形象设计。

2013 年 3 月 29 日，阿里巴巴旗下天猫（原淘宝商城）发布新 LOGO。新 LOGO 仍以红色背景为主色调，“天猫”二字被放置 tmall.com 之前。黑色玩偶猫则成为天猫吉祥物，阿里巴巴集团副总裁王帅更是笑称，“吉祥物和马云长得很像”。

而这种幽默并没有持续多久，刘强东式的幽默来了！

京东商城2013年3月30日19点整正式启用了新域名jd.com，原先以蓝色为主调的“360buy”被更新成了一只名为“Joy”的金属狗，成为京东官方新的LOGO和吉祥物。

两者发布新VI战略相隔不到短短4个月，猫阴柔，神秘，喜夜。狗亲切，忠诚，靠谱。京东早有预谋，意欲天狗食月。

京东O2O布局　正中天猫要害

天下武功，无坚不破，唯快不破。天猫占据阿里生态优势，坐拥淘宝导入的商流、信息流，支付宝守护的资金流。

在闭环的生态链中，无坚不摧。

毫无破绽。

京东要想在2010—2013年电商流量成本暴涨的环境中强势突围，简直比登天还难。

而聪明的金属狗硬是完成了登天的任务。

而秘诀只有一个字“快”。

京东逆势而上，自建物流配送体系，解决电商配送“最后一公里”难题。

调查身边所有的朋友，你为什么在京东买东西，而不去淘宝、天猫。

得到的答案就有一个，就是快。

在时间成为主要购物因素的时候，京东完胜天猫。

刘强东的京东快递相较之马云看得见摸不着的菜鸟网络，更接地气。

而京东的O2O布局，干脆把接地气进行到底……

中国的O2O有三种模式：一是基于粉丝经济模式的营销O2O，如微信；一是基于支付端的O2O，如支付宝；而京东的O2O是第三种模式，是基于物流体系的O2O。

前两项是阿里的传统优势，京东专注死磕物流，从阿里物流的薄弱环节打穿未来的O2O生态链。

我们有理由相信，未来我们将通过京东平台上便利店的官网，借助LBS定位，在京东所有门店中找寻最近的店面进行购物。

便利店可以在网上建立线上卖场、生鲜超市、冷饮店等，甚至在未来，还可发展出预售模式，商家按需进货和按需生产，最终实现“零库存”。

京东联手便利店推出的物流服务如“1小时达”“定时达”“15分钟极速达”“上门体验”“就近门店的售后服务”，解决了线上、线下交互体验的问题。

尤其是与微信的战略合作，大量引入流量资源。

硝烟未起，则胜负已定。

阿里巴巴赴美上市

阿里巴巴赴港还是赴美上市，一直争论不休。

这其实是个伪命题。

阿里赴美IPO是唯一出路！

故事要从1999年的西子湖畔说起。

1998 年 12 月，马云和其他 17 位创建人在中国杭州发布了首个网上贸易市场，名为“阿里巴巴在线”。

1999 年 6 月，阿里巴巴集团正式运营。

1999 年 10 月，引入了包括高盛、富达投资（Fidelity Capital）和新加坡政府科技发展基金等在内的首期 500 万美元天使基金。

1999 年 10 月，马云一众本土土鳖第一次触碰资本游戏。

据当事人马云回忆，1999 年蔡崇信引荐的高盛口气很大，他一查高盛的背景，不得了，微软、新浪这些明星级企业都有高盛投资的脚印。马云心想，这样一个高富帅，至少不会为了 500 万美元天天来杭州监督他干活！思索再三，当下正是用钱之季，说干就干。

这笔融资在未来十年来看，凸显了马云的高瞻远瞩，同时也为日后悄悄埋下了隐患。

资本就像酒精，它能让你心跳加速，感觉到快乐，同样也能让你迷失自我，坠入万劫不复的深渊。

翻阅高盛 1999 年在华的活动，可以发现一个有趣的迹象，高盛几乎操控了今天所有天皇巨星级的中国互联网企业。

高盛 1999 年至 2001 年在华投资清单：

新浪：1999 年初，在华登国际投资公司主导下，高盛、华晶网路基金、软银及新加坡政府联合向新浪网投资 2500 万美元，创下了中文网站境外融资的先例。同年 11 月，新浪再获 6000 万美元国外风险投资。

四通利方：在四通利方成立时，四通集团绝对控股，王志东及其创业班子占股 21%；第一次融资 650 万美元时，外国风险投资占 40%，而四通集团的股份被推薄到17%左右；第二次融资后，外国风险投资持股比例占到了80%以上。拥有了绝对控制权的风险资本不免要指手画脚，对公司内部管理、业务运营乃至发展战略说这说那，以使之符合自己的战略意图。这种干涉多少还是有益的和适可而止的，以至于王志东把来自风险投资的钱都称为“好钱”。

ChinaRen：1999年6月成立的ChinaRen，曾以其300万的注册用户和每天1800万的页面下载一度跻身于CNNIC综合类网站排名第九。它的聊天室、校友录、游戏和主页大巴，都是不错的产品。但它有一个致命的弱点：能立马成为卖点的东西并不多。

ChinaRen后来被搜狐并购应该是个不错的归宿，但也不无遗憾。如果陈一舟在其事业发展的高峰期就狠狠心找买主把网站卖了，应该是能卖个更好的价钱的。可惜势易时移，陈手中的筹码已不比往日，他不得不为自己迟到的进入和退出付出代价。

网通：2000年11月14日，中国网通完成3亿美元集资活动，两大投资者高盛亚洲及澳大利亚新闻集团分别入股6000万美元，成为最大两名外资股东，分别占股权3%，其他股东还包括戴尔电脑创办人Michael Dell、嘉里集团主席郭鹤年、新鸿基地产创立者郭炳湘兄弟、李兆基及中国银行旗下的一家投资公司。

中国网通此前主要股东为上海联和旗下一个投资基金NewMargin，占股约50%，其他股东包括铁道部、广电局及中国科学院。

硅谷动力：2000年2月，被誉为梦幻组合的世界主流风险投资公司高盛、Redpoint和Penisular联手向硅谷动力注资1000万美元。这创下了迄今为止中国互联网公司首轮融资之最高纪录。作为IT垂直站点的硅谷动力，无疑是行业当之无愧的领跑者，在正式收购 IT 电子商务网站赤兔网和与新浪网结盟后，其“增值内容加商务平台”的行业电子商务模式有了一个更高的资源平台。

阿里巴巴：1999 年 10 月，由高盛牵头的国际财团向阿里巴巴注入 500 万美元风险资金；其他机构性投资者包括汇亚资金管理、富达投资、新加坡技术发展基金及瑞典投资。2000 年 1 月，软银又向阿里巴巴投资 2000 万美元并与阿里巴巴结盟。此次合作将软银的资金、管理资源及市场推广支持，与阿里巴巴现有的技术实力及互联网行业专长整合在一起，进一步提升了后者在 B2B 电子贸易市场的地位。

和软银的惺惺相惜

2000 年 1 月，阿里巴巴获得日本软银（SOFTBANK）的注资 2000 万美元。如果说引入高盛的投资是小心翼翼的话，和软银的联姻更多的是惺惺相惜。

查阅网络视频上马云的访谈，每每谈起和孙正义的那次会面，像极了兴奋的小球迷，遇到仰慕已久的篮球巨星。

无数的段子也在网络上流传：

厕所里谈成的 2000 万美元融资。

杭州小老板智对亚洲首富的动人佳话。

而至今马云仍然认为，孙正义是阿里最好的投资者，没有之一。

孙正义的视野、格局，也一直影响着马云直至后者成为今天中国的电商教父。

而后的事情看起来是那么的自然，水到渠成。

2000 年 10 月，公司为更好促进中国卖家进行出口贸易，推出“中国供应商”服务。

2001 年 6 月，公司为更好服务国际卖家，推出国际站“诚信通”会员。

2002 年 2 月，进行第三轮融资，日本亚洲投资公司注资 500 万美元。

2002 年 3 月，公司推出中国站“诚信通”会员计划，更好地服务于从事中国国内贸易的卖家和买家用户。

2003 年 5 月，投资一亿元人民币建立淘宝网。

2003 年 10 月，公司推出交流软件工具“贸易通”，它可以使买方和卖方通过网络进行实时沟通交流。

2004 年 2 月，获得 8200 万美元的战略投资。投资者包括软银、富达投资、Granite Global Ventures 和 TDF 风险投资有限公司等四家公司。

2004 年 10 月，阿里巴巴投资成立支付宝公司，面向中国电子商务市场推出基于中介的安全交易服务。

2005 年 3 月，阿里巴巴中文站推出关键字竞价服务。

直到雅虎的出现。

古人的一句话“养虎为患”，在阿里的身上应验了。

可以说两个男人改变了马云创业史的上半部分，偶像孙正义之后，有酋长杨致远。而崇尚武侠精神的人都知道，谓之侠者，最大的兴奋就是遇到一个亦敌亦友的剑客，一起仗剑天涯，而又不分高下。马云心中早已埋下和杨致远合作打天下，又期望超越杨致远成为天下第一高手的火种。这颗火种越烧越烈。

2005 年 8 月，雅虎以近 10 亿美元的价格收购阿里巴巴 35% 的股份，而阿里巴巴完全收购雅虎中国。

根据2005年阿里与雅虎签订的协议，从2010年10月起，雅虎投票权将增至39%，马云等管理层的投票权降为31.7%。同时，雅虎在阿里的董事会席位将增至两席。这预示股权和投票权都不占优势的马云，有失去公司控制权的可能。

而这一当时的天作之合，2009年1月，杨致远人走茶凉，巴茨拿着天价报酬走马上任雅虎CEO。

此后，巴马（巴茨、马云）不合的消息遍布媒体。

直到这段婚姻的七年之痒。

而阿里巴巴为赎身付出了高额的代价。

2012年5月21日，阿里巴巴集团用63亿美元现金和不超过8亿美元的新增阿里集团优先股，回购雅虎手中持有阿里集团股份的一半，即阿里巴巴集团股权的20%。

2012年5月21日，阿里巴巴与雅虎就股权回购一事签署最终协议，阿里巴巴用71亿美元回购20%股权。

2012年5月25日，阿里巴巴网络有限公司股东大会通过私有化要约。

2012年6月8日，阿里巴巴正式停止股票交易。

2012年6月15日，阿里巴巴私有化计划获批。

2012年6月20日，阿里巴巴退出港股市场，正式实现私有化。

2012年7月23日，阿里巴巴宣布调整淘宝、一淘、天猫、聚划算、阿里国际业务、阿里小企业业务和阿里云为七大事业群，组成集团CBBS大市场。

2012年8月，阿里资本投资4000万美元于陌陌，B轮融资估值2亿美元。

2012年9月18日晚间，阿里巴巴集团宣布，雅虎76亿美元的股份回购计划全部完成。这也标志着阿里巴巴集团在过去12个月中总额超过120亿美元的并购和融资宣告成功。

筹备上市

2012年11月30日21时50分18秒，阿里巴巴旗下电商平台淘宝+天猫的销售总额突破1万亿元。

2013年1月10日，阿里巴巴宣布了一项重大的结构调整计划：整个阿里巴巴集团除支付宝、阿里金融、阿里云等业务外，被拆分为25个事业部。在新的阿里巴巴集团中，已经没有“淘宝事业部”，而是根据淘宝上的各个重点领域被拆分为了物流事业部、商家业务事业部、航旅事业部等众多小部门。

2013年4月23日，阿里巴巴集团宣布和国家“五部委”联手打击假冒伪劣商品。

此外，邵晓锋表示，阿里巴巴集团2013年预联姻新浪微博。

2013年4月29日，阿里巴巴和新浪微博在用户账户互通、数据交换、在线支付、网络营销等领域进行深入合作。

赴美上市唯一出路

2013年10月9日，香港财经事务及库务局局长陈家强在立法会上回应，为了保障投资者必须坚持同股同权的原则，香港上市规则规定不能设有双重股权。全球除了纳斯达克证券交易所等个别美股外，其他市场均无B股安排。这意味着，香港监管层已经正式否决了阿里巴巴以“合伙人制度”在香港上市的可能。

一部阿里巴巴的成长史就像马云个人的一部血泪史。

马云像一位懵懂的江湖少年，偶遇两位绝世高手，被传授了盖世神功，而后独步天下。

经历无数次围攻光明顶，真正成为了顶天立地的铮铮男儿。

从万众朝拜的电商之神，到千万人想把他马云拉下神坛的风清扬。

马云经历了一切称之为“侠”的人所该经历的一切。

不管你爱他，恨他，他就是马云。

不管他是神，是人，还是侠，他就是马云。

京东 VS 淘宝移动端

借力微信入口，“慢鱼”京东终于登上移动电商快船。

2014年5月27日晚间，京东集团正式宣布，京东在微信平台“购物”一级入口启动上线，并陆续向全国微信用户开通，这也是微信面向电商领域开放的首个一级入口。京东相关人士在接受记者采访时透露，手Q相关入口也将陆续开放。值得注意的是，2014年“6·18周年庆”，京东力推的10亿红包计划，专门面向移动平台用户，其发力移动电商的决心可见一斑。

“短期看，由于微信购物习惯没有形成，购物转化率会比较低。但京东拿到了一级入口，即便只有小比例用户导流，潜力也不容小觑。”易观国际分析师林文斌表示，目前在移动端京东与淘宝依然存在差距，短期格局难变，但未来存在不确定性。

首个电商一级入口

与之前滴滴打车、大众点评等“小伙伴”在二级入口接入不同，此次腾讯给予京东的入口资源属于一级入口，支持力度甚至超过了腾讯原本的自主电商平台易迅网。

“目前微信一级入口已经开放，5 月 27 日起，北京、上海等地微信用户，已经可以看到购物入口，我们还在陆续进一步开放。”京东相关人士在接受记者采访时表示，京东在微信“购物”入口，位置高过原来“精选商品”。

该人士同时透露，除了微信，手机 QQ 的入口也将陆续开放。

入口主要分为“新发现”“品牌”和“聚惠”三个板块，定位各有侧重：其中“新发现”定位为新奇潮流产品，根据用户喜好，推荐不同的商品；“品牌”则主打品牌折扣、特卖；“聚惠”则用以吸引对价格敏感的用户。

值得注意的是，在商城支付工具上，京东微信商城入口，针对第三方品牌主要是“微信支付”方式，针对京东则采取“微信支付”与“货到付款”方式，京东自有的线上支付工具网银在线（网银在线钱包）并不在其中。

据了解，自 3 月 10 日腾讯与京东达成战略联盟后，除了 QQ 网购、拍拍等资产紧锣密鼓地注入外，腾讯 PC 端相关流量资源已经向京东开放。记者注意到，目前在网页端QQ上，京东已经获得一级菜单按钮，与“QQ游戏”“QQ音乐”“腾讯视频”“腾讯电脑管家”等腾讯嫡系产品服务并列。

与此同时，腾讯“我的购物”弹出窗口也开始全面切入京东。值得注意的是，虽然易迅依然有所保留，但京东的位置已在易迅之前，包括京东最新的6·18店庆、京东电器等产品服务，已经全面接入。

除了PC端，最为外界瞩目的依然是腾讯与京东在移动端的整合，这在合作之初也被外界视为腾讯与京东逆转阿里的基石。

不过与之前市场传言的根“单列”菜单不同，在陆续放量的微信客户端中，京东“购物”入口被放置在“发现”的下一级菜单中，与“朋友圈”“扫一扫”和“游戏”等高频应用并列。

因为微信入口概念“撑腰”，京东近日股价持续走高。5月28日，微信入口上线第二天，京东股价即上涨14.28%，随后继续走高，截止到5月30日美股收盘，京东股价已累计上涨34%，市值达到347.24亿美元。

移动端对垒淘宝

一级入口开放，标志着京东除了自身的APP外，首次拥有了强大的第三方渠道来支持移动战略。

在此之前，与阿里巴巴全力布局无线市场不同，京东在移动端市场一直不温不火。根据易观国际数据，2014年第一季度，在移动购物市场，手机淘宝、手机京东占移动购物市场的份额分别是78.3%和7.2%，两者依然存在不小的差距。

“移动端正成为电商竞相发力的新市场，淘宝因为用户习惯问题，目前有相对优势，但这一块尚未形成格局。”中国电子商务研究中心分析师莫岱青表示，腾讯微信提供一级入口，能够给京东带来用户和流量增长，“京东有望成为阿里一个有力的竞争对手。”

由于微信商业化起步不久，包括先期接入的滴滴打车、大众点评等，也一直未披露相应数据，因此对于其入口效果一直难以量化。不过有微信合作伙伴表示，微信合作效果还是明显的，特别是在用户和渠道拓展上，“在一些三、四线城市，微信的覆盖量更大”。

在易观国际分析师林文斌看来，从短期看，由于用户微信购物习惯没有形成，购物转化率会比较低。但由于京东在微信开设的是一级入口，而微信拥有三四亿活跃用户，基数很大，用户黏性又高，即使只有小比例用户给京东导流，给京东带来销售额的增长和活跃用户的增加也不容小觑。

他同时表示，随着后续京东和微信抢红包等促销活动的开展，用户微信购物的意识和习惯将逐渐形成，“购物转化率会有所提高”。

不过，对于腾讯与京东合作，业内也一直不乏质疑之声。“腾讯虽然产品体验做得很棒，但缺乏电商基因，做易迅一直没有做起来，与京东这样的第三方合作，能不能把电商做起来，依然存在疑问。”一名电商人士告诉记者。

莫岱青则认为，京东与腾讯合作，预期效果会好过原来的易迅。“之前腾讯控股易迅后，一直被放在角落里，没有很好地发展，但现在京东已经上市，两家公司又达成入股战略合作，对于未来双方都有比较高的预期。”

值得注意的是，虽然实物电商已经与京东合作，但腾讯自身在电商领域的拓展，依然在进行之中，只不过更加专注平台生态建设。在京东一级入口开放的同时，腾讯也开始上线了“微信小店”这样的电商服务。

在“微信小店”的架构下，腾讯的基础设施构建能力进一步提高，而不再是简单导入流量和用户，腾讯通过认证服务号的形式，将开始向第三方卖家开放开店、货物上架、货品管理、客户关系维护等后端设施。从某种意义上说，基于社交生态，微信也在探索追赶淘宝的商业生态能力。

从某种意义上来看，京东是一个“大号”公众号，但对于京东而言，自然也不再甘心做传统零售电商，平台化早已成为京东既定的未来方向之一，具体到微信入口，京东是否进行流量分发，以及如何进行分发，依然是一个考验。

京东人士透露，在京东微信入口，除了自营产品外，也包括第三方平台产品。但至于微信入口开放之后，京东自有 APP 与微信商城如何进行区分，该人士并未透露更多信息。“我们没有刻意去作区分，微信是我们一个重要的渠道”。

微信试水电商

腾讯战略入股京东后，围绕着京东与微信的合作一直是外界关注的话题。腾讯科技日前获得双方合作的独家信息，京东微信“购物”

每天有两个消费高峰。

据京东微信“购物”后台数据统计，10:00—16:00 为第一个消费高峰，20:00—23:00 为第二个消费高峰。消费者使用京东微信“购物”下单的频率，夜间比白天更活跃。

微信购物平台成交金额在上升，微信购物用户特点多为爱潮流、爱时尚的都市白领，手机、时尚数码、手表、食品、女装和轻奢等商品受到微信用户欢迎，且成单客户很多为新客户。

当前京东在移动端已形成手机客户端、微信购物入口、手机 QQ 入口组成的“三驾马车”布局，三大平台覆盖不同人群，互为补充。微信一级入口、手机 QQ 入口会为京东手机客户端导流，而京东手机客户端会向微信和手机 QQ 入口导入商品。

来自京东的信息称，2014 年“6·18”当日，移动端订单数是 2013 年“6·18”当日订单数的 5 倍多（增长 4 倍多），移动端下单量占当天总体下单量的比例约为四分之一左右。

微信偏时尚人群　手 Q 更草根

当前，微信与手机 QQ 两个入口的商品均来自京东，包括京东自营、京东开放平台、京东微店等。目前而言，微信和手机 QQ 入口有很大不同。

从人群看，微信入口在一、二线城市有不错的人群基础，主要为时尚白领、商务人士、公务员等。而手机 QQ 入口不仅覆盖一、二线城市，同时，三、四线城市用户的使用也十分频繁，活跃度很高。

从用户行为看，微信用户的行为偏重于社交性，倾向于作为沟通交流的渠道存在，因此，会与一些适合朋友深度关系链维护的SNS平台相结合，加入社交元素。

而手机QQ则更倾向于个性化与娱乐化，因此会与更多SNS功能及手机QQ的个性化服务相结合，增强消费者购物的娱乐性与趣味性。

京东认为，无论是京东移动端、微信还是手机QQ，不会左右互搏，京东在移动端打的是组合拳策略，6·18红包活动是实现三个平台贯通的黏合剂。据腾讯科技了解，京东很快将获得手机QQ一级入口。

欢迎“微信小店”入驻京东平台

当前微信平台不光与京东合作，也推出微信小店，这引发了外界的关注。“微信小店”和京东微信入口之间是否存在入口之争，双方又是怎样复杂的关系。

微信小店是基于微信公众平台打造的一套原生电商模式，具备添加商品、商品管理、订单管理、货架管理、维权等多种功能，开发者可使用接口批量添加商品，快速开店。

微信小店的推出将丰富微信以及微信支付的应用场景，提升用户体验。京东方面称，“京东微店”严格控制“购物”中的每个环节及覆盖全国的自建物流体系。京东欢迎有品质的“微信小店”入驻京东平台，共享微信购物入口的海量流量。

设置三栏目满足不同层次需求

目前，微信一级入口类目设置是“新发现”“品牌”和“聚惠”。京东和微信团队称，设定这三个栏目是针对三种不同层次用户的需求：

“聚惠”（侧重价格）主要满足追求实惠消费者的需求，是性价比较高的团购，意在以低价吸引用户。

“品牌”（侧重品牌）主要满足有一定品牌喜好及品牌忠诚度的用户，包括一些熟悉或向往的品牌。以品牌特卖会的形式向用户推荐各大知名品牌的商品。

“新发现”（侧重品位）针对有个性化需求的用户，当用户的需求不仅局限于品牌和价格，而对品位有高需求时，来满足客户个性化的需求，例如首发、定制、个性化等。

京东当前开设这三个栏目的策略是：前期主要用最好的产品打动用户，主要偏重活动，后续根据市场需求与公司战略调整进行相应调整：会与人相关，实现千人千面；与事相关，根据客户的购物需求来调整战略，从而不断拓展用户，促成重复购买。

移动端用户决策链条更短

与 PC 端相比，京东 APP 的运营有很大差异。PC 端和移动端，购物习惯不一样，上网时间、场景、购买维度都不一样。PC 端让用户逛一天都可以，用户浏览深度越深越好，而移动端，微信有聊天会中断浏览，因此，在移动端，要让用户决策链条更短，选择更便捷。

京东称，在无线端购买氛围还不够浓烈时，首先渗透一些生活、家居、食品类，这样容易让消费者尝试，慢慢培养起客户移动购物习惯后，再推荐一些大家电等用品。

与 PC 端相比，移动端弱化类目，不求全而求精，更符合移动购物客户的精准需求。如一级入口与 PC 端和京东 APP 最大差异点在于：一级入口的购买、支付、售前售后这套流程，全部是在移动终端的微信平台上闭环完成，能为消费者移动购物带来不错的购物体验。

按计划，京东微信一级入口商铺，主要借力京东货源、价格以及物流优势。后续，京东自营以及开放平台所有的商户，都将完全导入到移动端来售卖，预计会丰富用户选择。

微信平台最受欢迎的商品为手机、时尚数码、手表、食品、女装和轻奢。京东称，从红包活动第一次流量数据来看，有大量订单都使用京东红包，红包活动拉动新客户的增加，目前有近半数用红包购物的用户都是新客户，红包帮助用户跨过第一次购物门槛。

唯品会模式

唯品会的模式包含两个关键词：闪购、尾货。上市初期，大多数人都在从闪购的角度出发给唯品会找对标公司，毕竟唯品会是一家互联网企业。但是，随着唯品会的发展，大家开始意识到尾货的属性或许更能代表唯品会，于是唯品会的对标公司变成了 TJX。

现在，“中国版的 TJX”似乎已经成为唯品会的标签，而“中国版”这三个字更是赋予了唯品会额外的想象空间。

那么，唯品会真的能够成为 TJX 吗？

形似神不似的“中国版的 TJX”

TJX 是美国的一家折扣零售商，成立于 1976 年，以折扣价销售鞋、服装、箱包产品。20 世纪 90 年代以来，TJX 的发展驶入快车道，通过自主发展和并购的方式快速扩充品类、拓展市场。

以唯品会的统计口径来计算的话，TJX 的毛利率应该在 40% 左右，比唯品会高 16%，这是否意味着唯品会的毛利率还有 16 个百分点的提升空间？

绝对不是。唯品会与 TJX 在毛利水平上的差异恰恰最直观地反映了这两种商业模式根本上的差别。简单来说，TJX 为上游供应商提供尾货的一站式解决方案，而唯品会只是帮品牌消化了库存中的一小部分，剩下的这些“库存中的库存”，品牌商还得自行消化。

TJX 已经建立起了强大的碎片化的采购能力，而 TJX 庞大的销售终端则可以保障其销货能力。TJX 承担全部库存风险，不向供应商退货，也不收取其他渠道费用。另外，TJX 的结账周期也很快，平均账期只有 34 天。

正是基于这种一站式的库存消化能力，以及良好的合作条款，TJX 向供应商提供了最大化的价值，从而也给自己带来了切实的利益，那就是高达 40% 的采销毛利率。

反观唯品会。唯品会快速崛起于中国服装行业面临库存积压的时期，但并不能 100% 消化品牌的库存。2012 年，唯品会的平均售罄率只有 50% 左右。根据合作协议，这些剩余库存将全部退还给品牌商，由其自行消化。

唯品会一直在向资本市场鼓吹的一点是，它自身并不存在库存风险，因为大部分的库存都能退货。但换个角度来看，对品牌商来讲，这就意味着唯品会的价值大打折扣。

这种“不完全价值”将唯品会与TJX区别开来。虽然同样是处理尾货，TJX能够一站式解决，但唯品会不行。因此，唯品会的利润水平很难向TJX看齐。

唯品会与TJX终究只是形似神不似，因为唯品会的神其实还是“闪购”。

成于尾货限于闪购

我们认为就闪购模式本身而言，唯品会的成功得益于以下两点：一是借势品牌，利用品牌的号召力打造自身的影响力，同时也在价格上向消费者提供一个参选标准；二是价格杠杆，利用深度折扣来刺激消费，吸引和留住用户。

团购其实也是一种闪购，品牌和折扣这两个关键词同样适用于聚划算。但作为一个从零开始的平台，唯品会对品牌的吸引力非常有限，这与聚划算有天壤之别。所幸前几年中国的服装行业整体面临库存危机，尾货市场给唯品会提供了生存的土壤。

尾货市场最主要的特点就是库存“宽而浅”。为了适应这一特点，唯品会在运营方面做了针对性的调整：比如说消费者购买的商品只可退，不可换，因为很多情况下会无货可换，而且换货也会拉长闪购的周期。不仅如此，商品的拍摄和编辑也进行了流程化改造，从而提高了效率。

虽然唯品会结合闪购和尾货行业的特点初步搭建起了完善的商业模式，但是“闪购”模式的瓶颈逐渐显现出来，那就是一站式处理尾货的无力。

唯品会销售的是尾货，尾货的产生本身就说明了产品竞争力的缺乏，而限时销售的特点进一步加大了售罄的难度。所以，我们看到2012年12月，唯品会每天向供应商退货的数量高达30万件，而2012年第一季度，唯品会的整体售罄率更是只有50%～60%，剩下的近一半“库存中的库存”对品牌商而言仍是一大负担。而且库存在品牌商的线下门店、总部和唯品会之间的多次流转，也增加了品牌商的物流负担。

另一方面，闪购带来的冲动消费也会给退货带来挑战。唯品会的整体退货率一直保持在20%左右，其中，服装品类的退货率更是接近30%。大量的退货增加了唯品会的运营负担。

往后看，唯品会成于尾货。往前看，唯品会受限于闪购。

悄然而至的改变有好也有坏

唯品会的业绩依旧光鲜：收入持续高速增长，盈利正在大幅改善，这两条足以让唯品会继续成为一个成功故事。

但是，我们会发现在唯品会光鲜的外表下，一些变化正在悄然发生。这些变化有好的，也有坏的。

2013年，唯品会的销售收入从6.9亿美元增加到了16.8亿美元，同比增长143.5%。但是，唯品会的闪购场次不增反降，从2012年的2.9万次下降到了2013年的2万次。带来的结果就是场均销售金额大幅提升，从2.36万美元增加到了8.35万美元，同比增长253%。

唯品会的供应商数量同期也出现了大幅增长，从2759个增加到了4287个，品牌供给进一步丰富。但是，单个供应商的年均闪购场次同样出现了大幅下滑，从10.6次骤降到4.7次。不过，供应商的年均销售额仍然保持了增长，从 25 万美元增加到了 39.2 万美元。

我们认为上述变化有着非常积极的意义。2013 年，唯品会闪购的频率降低了，但单次闪购的效果得到了大幅提升，唯品会为每个品牌消化的库存也大幅增加。应该说，过去一年，唯品会的尾货处理效率得到了很大的改善，这是利好消息。

但另一方面，唯品会在品类拓展的道路上走得并不顺利。2013 年，虽然唯品会全品类的成交都实现了同比增长，但是增长速度出现了分化。其中，增速不到 100% 的品类有化妆品和运动品，而化妆品的增速更是只有 42.3%。相对而言，唯品会整体销售的增长速度是 143.5%。

唯品会化妆品销售的绝对金额从 7500 万美元增加到了 1.07 亿美元，销售占比从 10.9% 下降到了 6.4%，而 2011 年化妆品的占比是 12%。同期，运动品的占比也从 11.8% 下降到了 8.4%。

化妆品和运动品上游都是大牌林立，这增加了唯品会与品牌谈判的难度。同时，化妆品和运动品也都是标品，其产品生命周期比较长，尾货相对较少，这不免让我们质疑这些品类与唯品会模式的适配性。

2014 年情人节，唯品会完成对乐蜂网的控股投资，可以看作是唯品会对化妆品业务的“抢救”。第一季度（从交易完成时起），乐蜂网为唯品会贡献了 100 万活跃用户和 130 万个订单，唯品会化妆品的总 GMV 也达到了 1.67 亿美元。

所以说，对于接下来的唯品会，我们关注它在产业链上的价值以及尾货闪购模式的边界，这决定着这家成功的企业能否成为一家伟大的企业。

唯品会的价值体现在帮助品牌处理尾货方面。唯品会早期的售罄率只有百分之五十多，如果它能将这一指标提高到80%，那么它对品牌商的价值将会有质的提升。而只有该指标达到100%的时候，唯品会才能算得上是真正意义上的中国版TJX。

至于闪购模式的边界，就类目来说，这已经依稀可见。

当然，唯品会已经积累了大量的忠实用户和合作品牌，其供应链优势也正在形成，这都为唯品会培育新业务提供了可能。从提高产业链价值（售罄率）的角度出发，B2C商城不失为一个好方向。

唯品会的市值目前正在冲击百亿美元。我们按20倍市盈率、5%的净利润率来估算，这需要唯品会的营收达到100亿美元，而唯品会2013年的营收才17亿美元。

唯品会承载了我们太多的期待，摆在它面前的重任其实并不轻松。

第八章

移动互联网时代——移动搜索

看百度 2014 年第二季度的财报，你就可以发现移动搜索的惊人能量，而 2014 年关于移动搜索的游戏才刚刚开始！

移动搜索再现入口之争

日前，阿里巴巴正式宣布全资收购UC优视，收购金额高达40多亿美元。而从阿里上市前夜的这一收购行为不难看出，正是UC浏览器这一强大的入口诱惑，促成这桩中国互联网历史上最大的一笔交易。

提起入口之争，近几年可谓多事之秋。腾讯入股搜狗、阿里入股新浪，百度收购91、PSS，经过PC时代多年的竞争，中国互联网已经形成BAT三足鼎立之势，而BAT也正试图从入口上抢占移动互联网先机。

腾讯入口丰富　PC、移动两条腿走路

作为BAT三巨头中实力最强的一个，腾讯无论是在PC端还是在移动端，入口上的布局颇为完善。腾讯手握国内用户最大的客户端QQ，辐射QQ空间、腾讯微博等社交平台，凭借社交的天然基因在PC端占尽优势。

与此同时，PC端另一大入口产品浏览器方面，腾讯拥有自家QQ浏览器，并在份额上与360浏览器和搜狗浏览器并驾齐驱，已经做到行业前三。

而在移动端，腾讯凭借微信这一强大入口，构建起以微信为核心的移动生态圈。搜索打包给搜狗，电商嫁接京东、大众点评、滴滴打车等，加之微信游戏的火爆，让腾讯可以在移动端高枕无忧。

从腾讯在PC和移动端的业务上不难发现，两条腿走路的腾讯正在发展成为连接一切的超级巨头。近期腾讯又在力推主打白领办公的QQ浏览器微信版，从移动端返璞PC端，进而有了移动和PC端的有机结合，利用电脑聊微信这一点强化了腾讯在PC上的入口霸主地位。

阿里不失位　平台化转型

作为PC时代当之无愧的电商业王者，然而其封闭的传统受制于百度、360等，吃尽了入口之亏，也落下了入口焦虑症。在意识到入口的重要性之后，进入移动互联网时代的阿里开始大举收购，几乎涉足所有移动入口。

先是入股新浪微博，试图在PC端构建社交网络导流变现模式，虽然微博上市，但觊觎微信的强大，马云亲自操刀来往。此后，一举拿下高德、UC，从LBS到O2O再到流量变现。

UC的入口好处自不必多说，无论是在PC端还是移动端，浏览器的入口优势不可小觑，此前阿里也涉足过这一领域。在收购UC以后，阿里也将淘宝浏览器完全并入UC团队。考虑到浏览器实现流量变现过程中搜索是重要一环，日前UC也曾高调推出神马搜索。

实际上，阿里在业务层面，凭借在电商领域的优势将触角伸向了支付与金融，这也是阿里目前相较于B、T两巨头在业务上最大的优势，余额宝产品甚至遭到央行的封杀。而从阿里近期频繁的收购来看，阿里已经由一个单纯的电商平台，转化为一个类似腾讯、百度的全平台互联网巨头。

百度全面卡位 O2O 初显成效

最后再看百度，虽然在硬实力上不及腾讯及阿里，但凭借搜索上的优势，同样构建起一个整合上下游资源的闭环生态圈。完成对 91、PSS 等的收购以后，在移动端百度已经形成搜索、分发、视频、LBS 四大业务和服务领域的产品矩阵，完成在移动互联网重要入口全面卡位。

此外，有了阿里在金融领域的成功样板，随着百度钱包的发布，百度现有的 APP 矩阵也完成了打通，形成了完整的 O2O 生态闭环。其中较令人期待的便是“百度地图”整合，生活类 APP 以实现本地化服务。

目前，互联网与移动互联网的融合过程中，BAT 三巨头的入股并购已趋于白热化，布局入口生怕在某一领域落后对手。而随着移动互联网越来越深入到人们的生活当中，以及物联网等的全面兴起，关于入口的争夺将更为激烈。

中国将全面进入移动搜索时代！

移动互联网的玩法变了！

传统 PC 互联网思维在新的移动战场，所有武器终将失效。

每天最新发布的手机、平板和智能穿戴设备正在取代笨重的台式机和笔记本，终端变了！

PC 互联网部落的子民正在进行人类史上最大的迁徙，而 90 后轻松享受着移动互联网带来的一切便利，因为他们本来就生存在移动这块肥沃的土地，移动互联网的玩家变了！

人们互联的场景不仅仅在办公室、家里，而是扩展到更广阔的天地：或许在海边，在度假村，在行走的街道，在星巴克的一角，只要能接收到运营商的信号，人们 24 小时、360 度全天候、全方位接入移动互联网，不受任何时间、空间的限制。人们随心所欲，人们所思即所得，只要通过智能设备向宇宙发出信号，不管是交友、购物、出行，还是获取资讯，无所不能的移动互联网随时响应，移动互联网的生态变了！

而一个问题来了，移动互联网的本质到底是什么？

就是服务！

不管是大数据、云计算、物联网，再美好的云朵终将化雨落地。而所有的新技术、新概念抛开所有的外衣，最终本质无他，就是服务，围绕人和数据中心为核心的服务。

社交、位置服务、O2O、电子商务、移动资讯、移动视频、移动支付等丰富的应用悬浮在用户需求之上，而这种丰富甚至庞杂的服务千头万绪，而由此衍生而来的解决方案就是：移动搜索！

传统 PC 互联网时代搜索的功能是聚合信息，而移动搜索要解决的问题是什么？

没错！就是聚合服务。聚合社交服务、应用服务、娱乐服务、游戏服务、电商服务等一切所能想象得到的服务！

艾瑞咨询集团发布的《2014年中国移动互联网行业年度研究报告》数据显示，2013年中国移动搜索市场规模为45.5亿元，同比增速高达264.1%，未来几年移动搜索市场规模将迎来增长的高峰期。

以移动搜索APP为例，相对普通用户而言，移动搜索至少给人们的移动生活带来三大改变：

一、回归交互本质，语音就是一切

人与人之间能实现最基础的沟通，就是利用了语言。移动互联网1.0时代，人机交互依旧停留在滑屏、点击两个交互动作，人机的输入交互依然停留在敲键和手写时代。而移动互联网时代的更大意义在于释放人的最大天性，实现人与人之间最本源的沟通，交互状态。

最新发布的移动搜索独立APP观察，语音无处不在，随时候命。从桌面、首页、结果页、阅读页都使用语音直达需求的落地方案，落地可以是信息、软件、应用、视频。

利用语音的人机交互直接调用所需服务。

二、无处不在，点、线、面融合

未来的移动搜索将无处不在，当用户通过各个通道向智能终端发出请求，所有的移动平台（助手、卫士、浏览器、搜索APP），将调用大数据资源（壁纸、铃声、主题、视频、小说、音乐等资源）随时为用户效命。

这种聚合效应不是线性的成长，而是几何叠加。普通用户所需的服务以最轻松、快捷的解决方案呈现在用户面前。

三、应用为王，移动搜索将是最大应用分发入口

移动互联网搜索和互联网搜索最大的区别在于，前者更重生活解决方案，后者更重信息精选。而移动互联网生活解决方案以应用的形式存在，找到最优的应用路径，即完成了一次普通用户的移动搜索请求。

一线的厂商总是引领时代的潮流，而时代的变迁却实实在在地改变了我们的生活。

要么移动互联，要么死。再也不是一句危言耸听的话！

移动搜索行业将伴随更多厂商的加入，快速地崛起，秩序和生态将更加健全和完善。

就像任何新鲜事物的出现一般，你可以忽视它，你可以藐视它，你可以谩骂它，但是你永远无法忽视它的存在，因为它实实在在改变了我们的生活！

这就是我们的时代！

移动搜索的玩法变了！

移动搜索的入口价值不言自明，4G 网络和移动智能设备大举攻陷这个星球之时，便是移动搜索爆发之日。

当下就是那个预言的爆发……

北辰和自媒体业界前辈信海光，参加了 360 移动搜索首届学渣争霸赛，不过不同的是北辰是考生，海光是监考。拿到 NB888 的准考证霸气外露。我们被分成三组，分别用人工做题、电脑查题、360 移动搜索的拍题功能来做题。结论显而易见，被分在了 360 移动搜索组的北辰以 100 分的成绩轻松完胜对手。

而这一场普通的考试，不禁让北辰陷入深深的思考之中。

原来移动搜索还可以这么玩，移动搜索的玩法真的变了！

360 移动搜索抓住亿万学生族群的群体性痛点，一路狂飙。

这对当前移动搜索市场的领先者或者其他参与者来说，其实意味着更多的借鉴意义。

移动搜索风口在即，各位选手已蓄势待发，欲御风而行。

但是商场如球场，就像热闹而又残酷的世界杯，注定只有一支球队带着荣誉和笑脸离开……

而这场移动搜索之争，谁会是笑到最后的那一个？

取胜之匙又是什么？

谁抢占了先机，谁又错失了机遇？

北辰带你进入移动搜索的丛林，看看未被阳光照耀的世界……

一、被巴菲特看重的市场：移动搜索

2013 年，我国移动互联网市场规模高达 3204 亿元。作为传统互联网入口的搜索引擎，仍是移动互联网的重要入口，随着手机 WAP、WEB、APP 的进一步成熟，移动搜索市场发展将进入加速期。目前，百度、360、UC、搜狐、腾讯等互联网企业，各自推出了针对移动设备的搜索产品。

伴随着移动互联网终端市场的成熟，以及 3G 和 4G 网络的普及，

用户的搜索行为正在逐步从PC端转移至移动端，来自移动端的搜索流量正在逐步提升。移动搜索已经是移动互联网网民使用的第二大网络服务，仅次于社交服务，用户的刚性需求使移动搜索在移动互联网网民中具有极高的渗透率。

权威数据预估：2013年中国移动搜索市场规模达422亿元。在2012年，这一数字为283.3亿元。预计到2015年，中国移动搜索市场规模将达到950亿元。

在最近的美国保险公司伯克希尔·哈撒韦公司的年会上，沃伦·巴菲特（Warren Buffett）表示，新兴的搜索市场正在对他的资金收入产生影响。这一新兴的科技市场市值超过2万亿美元（约合人民币12万亿元）。

二、诸侯争霸，一要素成胜负关键

移动搜索看起来很美，却只是巨头的游戏，市值不超过30亿美元的企业都不好意思上牌桌。

百度等传统豪强凭借PC互联网的优势，占据移动搜索的半壁江山。UC联姻阿里推出的神马搜索，凭借浏览器、导航、搜索的三位一体策略，快速进场。

而这一格局将被打破，移动搜索的本质是什么？

就是服务！

业界公认移动互联网和PC互联网最大的差别是：移动互联网是以人为中心，PC互联网以信息为中心。PC搜索聚合信息，做信息和解决方案的分发，而这一模式的最大短板就是缺乏服务能力，无法抓住用户刚需，提供持续性的价值供给。

而纵观当前移动搜索的市场格局，仍依赖传统渠道优势这一模式。过于依赖传统经验和传统资源，互联网时代十年历程有太多的经验教训。新浪、搜狐、网易因过于自信自己的门户优势而错失搜索好局，让百度横空出世。中国移动的即时通信飞信业务，心存大志却流于平庸，资源不是太少，而是太多。

移动搜索这一现状，让当前百度一家独大的市场格局变得没那么坚不可摧。

对于锐意创新的后来者来说，超车机会仍然存在。

而这个机会的把握核心在于：抓刚需！

三、产品创新是第一生产力

移动搜索市场硝烟不断，而处于硝烟中心的产品领域却乏善可陈。纵观市面上的一线产品，鲜有令人眼前一亮的创新。

在为数不多的产品中，360 搜索可能是在这方面做得相对出色的厂商。

360 移动搜索最新版本的“拍题”功能令人眼前一亮。

拍题功能位于 360 移动搜索界面的左上方，拍摄课本上的作业习题，即可找到答案。

拍题功能满足了暑期学生用户的刚性需求，笔者从 360 内部员工了解到：推出此功能后，360 移动搜索的装机量暴增。

每一个颠覆式创新的开始都是微创新，而这一次微创新的背后是中国巨大的学生群体。

全国小学教育阶段、初中教育阶段、高中教育阶段和高等教育阶段，在校学生总数约为23527.68万人。其中，小学教育阶段在校学生数为10564万人，初中教育阶段在校学生数为5736.19万人，高中教育阶段在校学生数为4527.49万人，高等教育阶段在校学生数超过2700万人。也就是说，全国中小学生总人数约2.08亿人。

而这部分用户是天生的移动互联网原住民，他们代表移动互联，他们代表未来，他们是移动互联网的最深度粉丝和重度使用者。

虽然没拿到具体数据，但可以预见暑期档360移动搜索在2.08亿群体中快速地渗透。

而这就是产品的威力，创新的威力。

这一功能也给当前的领先者释放了一个信号：依托渠道的玩法已死！

抓人性，抓刚需，一切以服务用户为导向方能走到最后！

移动搜索的格局未定，各大诸侯仍有机会先入咸阳。而在烽火连天的移动搜索战场，多分粮，缓称王，方是上上之计。各路厂商需时刻关注用户的刚性需求，单点直入，为用户的移动人生各个阶段、生活的各个方面持续供应优质的价值，方能长久地立于不败之地！

第九章

移动互联网时代——安全

不管在任何一个年代，安全总是尤为重要的，而在移动互联网时代，这个需求，被提升到更高的地位。因为有太多数据、太多隐私需要保护！

安全是移动互联网的基石

中国互联网协会发布的《中国互联网发展报告（2014）》，截至2013年年底，我国网民规模达6.18亿，其中手机网民大幅增长，达到5亿人。与此同时，2013年我国网络经济整体规模达到6004.1亿元，移动互联网经济增长迅速，2013年超过千亿元，成为网络经济发展的重要助推力。随着互联网的发展以及相关经济活动的日益活跃，互联网安全尤其是经济信息安全面临诸多挑战。

扣费类和资费消耗类恶意程序占总数的85%以上

《报告》显示，2013年，移动互联网恶意程序数量大幅增长，新增恶意程序样本70.3万个，较2012年增长了3.3倍。其中，针对安卓平台的恶意程序占99.5%。

国家互联网应急中心运行部主任王明华表示，移动互联网恶意程序的制作、发布、预装、传播等初步形成了一条完整的利益链条。监测发现，与用户经济利益密切相关的扣费类和资费消耗类恶意程序占总数的85%以上，这表明黑客制作恶意程序时带有明显的逐利倾向。

《报告》还显示，2013 年钓鱼网站迅速增长。监测发现，针对我国银行官网等境内网站的钓鱼页面数量和涉及的 IP 地址数量，分别较 2012 年增长 35.4% 和 64.6%。此外，跨平台钓鱼攻击开始出现并呈增长趋势。

黑客除利用钓鱼网站外，还结合移动互联网利用仿冒移动应用、伪基站等多种手段，使得钓鱼手段更加多样，形式也更加隐蔽。

专家建议加快网络信息安全立法

面对网络安全的诸多挑战，王明华说，除提高网络安全防范意识外，还需要加强网络安全保障工作的顶层设计，建立并完善多部门综合治理的联动机制，打击网络安全犯罪行为。他认为，从技术角度看，大部分破坏网络安全的行为都可以得到应对，现在面临的主要是一些法律法规方面的处理问题，以及如何加强各监管部门、互联网企业、行业组织联动协作的问题。

中国互联网协会研究中心秘书长、中消协律师团成员胡钢认为，有些网络安全违法行为在查处上比较难。比如，含有恶意程序的软件，本身可能没有署名或者虚假署名，导致溯源困难，确定犯罪主体困难。此外，黑客获取不法收入的手段比较隐蔽，同时往往人数众多、个体金额小，难以单独备案侦查。他建议，在移动互联网时代，打击网络安全犯罪应该有互联网化的打击思维，建立群防群治的有效机制。

当前，工信部门虽然制定并颁布了多个关于网络信息安全的规定和办法，但立法层级比较低，对一些网络安全违法行为界定不清晰，处罚力度不够，缺乏足够的威慑力。只有明确罚则，加大处罚力度，才能增加违法成本，让法律拥有威慑力，为网民筑造安全可依赖的保障。

360 的舍与得

2014 年 6 月，苹果开发者大会如期而至，IOS8、OSX10.10 再一次改变世界。

暂抛开苹果，从时间节点看，6 月，2014 年的脚步已跨过了半程的分割线。

对于互联网，6 个月的时间，一家准上市公司可以从向 SEC 提交 IPO 文件到挂牌上市，再到股价坐一轮过山车。

对于移动互联网而言，6 个月的时间，一款社交软件可以从零到千万用户，所有主流手机厂商可以轮流发布一遍最新手机，一款普通的 APP 可以平均更新换代 39.2 个版本。

而就在 2014 年，奇虎 360 董事长周鸿祎反其道而行之！

正当各路互联网英雄豪杰赴美团购 IPO，为移动支付打得整个马路鸡犬不宁的时候，微博签名自称为“一个互联网老兵”的周鸿祎，却把跟了自己几十年的老枪擦亮，然后封存进盒子里。

2014 年初，周鸿祎闭关三个月。

这三个月，他在思考什么？

作为一个老船长，他将带领 360 这艘承载着 6000 弟兄的大船驶向何方？

出关之后的周鸿祎，又带给360哪些变化？

笔者经过与360内部人士的多次访谈，多次造访360位于798的安全大厦，为你揭秘：

周鸿祎闭关之后，360的三大巨变！

巨变一：不做巨头，专注安全！

360市值100亿美元，位居互联网江湖第五把交椅。

进可三分天下，退可独霸一方。

而周鸿祎的选择出乎所有人的意料：不做巨头，专注安全！

出关后的周鸿祎做的第一件事情就是自我反省，公司业务重新定位安全：周鸿祎强调360还并不是如“BAT”一样的互联网巨头，需要有自知之明，未来将坚持把安全做到极致。

“我前段时间‘闭关’思考，结论就是我们要把安全这件事，做得更深、更透，我们要做的，就是把我们擅长的安全做到极致。在大数据时代，我们不仅要解决消费者的安全问题，还要解决企业的安全问题。

“我们不追逐最热门的东西，因为中国互联网从来不缺热点，每年都有在风口浪尖上的弄潮儿。比如前一段时间，互联网金融喧嚣了一阵子，大家都在卖基金。但我们没有跟进，因为我觉得那个无非是利用流量挣点钱，但是能给360的核心竞争力带来什么好处吗？我没看到。

“我认为，在任何社会的产业形态中，都是有分工的，不应该是由一家企业全包揽。而我们要做的是，第一是在自己擅长的领域保持做到No.1，做到最好。第二是保持对世界的好奇，能够不断地去做出一些创新的东西，甚至是一些看起来不一定有什么商业价值，但是很好玩、很酷的东西。简单地说，安全是互联网时代每个人、每个企业都需要的，那360要把安全问题真正解决好，要克制住很多诱惑，很多热闹的事不要跟着插一杠子，不要做到四处出击，那样什么都收获不到。”

——引自周鸿祎2014年5月20日对360内部的一封公开信。

中国的哲学里有两个字意味深长：“舍”“得”。

人性是“得”，欲望，索取，开拓。而在人生的征途中，人们时常会忘记两个字的排序，而祖宗留下的东西，差之毫厘，谬以千里。舍得舍得，有舍有得，先有舍方后有得，舍字永远是在第一位的。舍是放弃眼前利益，短期利益，不正当的利益。得需要开拓信心、进取力，而舍则更需要眼界、格局、隐忍、心性和对自我的决绝。

反观当今企业界，真正做到舍小利而求大益的更是寥寥无几。

从当年的愣头青四面开火，八方迎敌。

到今天的取舍有度，专注产品，专注安全！

周鸿祎、360的第一大巨变。

巨变二：弃整合，重融合

企业文化建设有两个阶段：1.0为整合阶段，满足战时KPI需求，为达成一个数字目标，整合各类社会资源。融合是企业文化的2.0阶段，团队的成员有不同的背景，不同的经历，不同的年龄，社会资源来自各个方面、各个层次，因为共同的梦想和价值观聚合在一起。

而企业的融合力才是未来移动互联网时代企业真正的核心竞争力。

融合力最好的案例莫过于西天取经的唐僧师徒：一只有犯罪前科的猴子、一只调戏妇女的猪、一只河妖和一匹白马，在一个和尚的带领下，取得真经。

而其团队建设的秘诀就是融合力、梦想和价值观的驱动力。

而出关之后的周鸿祎，在团队建设方面也似乎悟到了什么，动作频频：

2014年5月31日消息，经360官方人士确认，国家质检总局办公厅新闻办公室主任、新闻发言人陈熙同将出任360副总裁，主管市场及公关工作。

陈熙同为人低调，据公开的资料显示，他于1991年毕业于复旦大学中文系，长期在质检系统从事新闻相关工作，除了公开的发布会以外，网上鲜见其个人资料。

陈熙同的到来，有助于360修复过去几年不太美好的公共关系，重塑品牌形象，更好地帮助360融入生态系统。

抛开坊间对于此次人事变动的各种猜测，有一点是肯定的，就是360在走向一个大融合。

在专注安全的愿景下，不管未来的市场是C端还是对企业、对政府，360张开融合之力聚合各类资源、各路人才。

此前笔者曾撰文提到，360在公司内部提升90后员工比重，大力重用90后就是融合的一个例子。

而融合的本质更多在于人才的多样性和差异性。

互联网上时常流传一句话：看所有人都不顺眼，是因为你的修为不够。

而当前最受争议的两类群体，周鸿祎皆以开放的心态和文化进行融合。

为公司的下一个愿景，聚合每个人的能量，快步前行……

想起前北大校长蔡元培先生的四个字：兼容并包。

此为周鸿祎、360 的第二大巨变！

巨变三：正身

《论语·子路》中，孔子说："其身正，不令而行；其身不正，虽令不从。"意思是：当管理者自身端正，做出表率时，不用下命令，被管理者也会跟着行动起来；相反，如果管理者自身不端正，而要求被管理者端正，纵然三令五申，被管理者也不会服从的。

周鸿祎早年常举"替天行道"大旗，南征北战，虽为用户博取利益，也常被投资人、媒体竞相责难。

虽和周鸿祎小时候好打抱不平的性格有关，但时至今日身份不同，毕竟是 6000 名员工的老板和榜样。

上行下效。而反观互联网生态大环境，已从蛮荒无序的时代逐步进入一个相对平稳的周期。

时代在变，在一个相对稳定的时代周期中，公司和细分市场对治世能人的需求远高于乱世之雄。

而闭关之后的周鸿祎在这方面堪称巨变，微博感恩和赞叹的多了，责难和约架朝阳公园的少了。

对外心态也沉稳了许多，出言不再极具攻击性，而充满了探讨口气。

笔者一直有个观点：经常出去给别人当人生导师、当讲师、当嘉宾的老板不是好老板。

给外边的人时间多了，给自己企业的时间、关注产品的时间必然就少了。

更何况移动互联网时代是一个以产品为王的时代！

而反观周鸿祎，绯闻少了，传言少了，八卦少了，出去演讲当导师的时候少了，反而对产品的声音多了，为产品亲自站台的次数多了。

而对于360内部的业务，周鸿祎则更多地用微博等社交平台监督、吐槽或表达不满，近日更是直接自揭家丑，高调处罚违规的渠道推广商。显然，此次的闭关修行他对“正身”二字有深刻的领悟：

“6月2日，360公司向社会通报了360产品台湾地区总代理商希悦资讯渠道推广商Avazu下级渠道商新加坡Clixx solutions pte ltd恶意推广的严重违规行为，决定取消Clixx solutions pte ltd的合作资质，对360产品台湾地区总代理商希悦资讯提出严重警告。360公司在对个别地区渠道合作商违背用户意愿、伤害用户利益的行为，表示愤慨并进行严厉处罚的同时，也为360对代理商及渠道商的监管疏失向用户和社会各界致以诚挚的歉意。360将全面排查和严格规范360产品国际或地区代理商的推广行为，严格自律，维护用户的权益和360的品牌形象。

360公司于2013年3月确立海外及港澳台地区的全球化战略，同年5月正式推出海外版产品，随后在巴西、中国台湾省等多个国家和地区提供安全软件下载，国际化是360公司下一步的重要战略。针对这次调查发现的国际或地区渠道推广商恶意推广的问题，360公司表示，宁可停下国际化的步伐，也决不能违背用户意愿，伤害用户利益，对这种恶意推广行为坚决予以制止，要做到‘零容忍’。”

不那么爱多管别人家的闲事了，爱管自己家的事了。更多专注、更加聚焦。

古人要求一个君子：格物、致知、诚意、正心、修身、齐家、治国、平天下。

周鸿祎和他的360已经拥有中国数亿用户，在安全的小王国里一言一行皆是众人模仿的标准和规则。

这个时候停下来思索，整顿军纪。诚意、正心、修身、齐家。

这是周鸿祎和360的第三大巨变！

当今中国移动互联网处在享受着巨大人口红利、全民狂欢、全民移动的时代，狂热代替理性，泡沫代替机遇，竞争消灭合作。每个人都杀红了眼，千军万马前赴后继的时刻，更需要的不是资本、不是经验、不是技术。

而是初心！

智能汽车安全战场

比亚迪，本土新能源汽车新贵。360，国内最大的安全厂商。

比亚迪下战书公开挑战360？恐怕21世纪最天才的编剧也写不出如此传奇的剧本。

而这一幕，的的确确在今天上演了。

移动互联网改变了世界，也再一次改变了我们看这个世界的角度……

缘起：全球首个智能汽车破解挑战赛，360 成功破解特斯拉

2014 年 7 月 16 日—17 日，为期两天的 2014 SyScan360 大会在京举办。SyScan360 的议题涵盖 Windows、iOS、Android 系统安全，汽车攻击、云服务攻击等诸多领域。而大会中全球首个智能汽车破解挑战赛是最大亮点。整场比赛从 7 月 16 日开始，20 位全球顶级安全高手围绕特斯拉系统的浏览器、手机 APP 和智能引擎系统持续了三轮的模拟入侵。

7 月 17 日下午，特斯拉系统被安全高手攻破，攻击者可以利用这个漏洞，远程控制车辆，实现开锁、鸣笛、闪灯、开启天窗等操作，并且能够在车辆行驶中开启天窗。360 方面表示，已经将相关的漏洞细节和解决方案提交给了特斯拉，并称愿意提供相应的漏洞修复技术支持。据悉，这是全球专业安全公司首次发现特斯拉应用程序的漏洞。

360 首席科学家蒋旭宪教授表示，攻击者成功利用这类漏洞实施攻击的概率非常低，特斯拉车主不必过于担心自家车辆会遭致不明攻击。

师父特斯拉沦陷　弟子比亚迪请缨

特斯拉自发布以来就在全球确立了新能源智能汽车的霸主地位，抢占各大媒体头条，刷新粉丝期待值，在新能源智能汽车的战场上一路狂飙、一骑绝尘，无人望其项背。

而比亚迪在国内被公认最有可能继承特斯拉衣钵的弟子。脱胎于国家强力政策支持的本土新能源智能汽车，比亚迪占尽了地利、人和，却鬼使神差地吸收国足的精髓，深陷泥沼，看不到半点亮光。比亚迪的“秦”，被业界公认为本土新能源智能汽车中少有能拿得出手的产品。

此役被称为全球最顶级新能源智能汽车的特斯拉操作系统被360攻陷。欲开启全球化步伐的比亚迪，自然不会放过此次扬名海内的良机。

7月19日，比亚迪员工“布莱德舰长”发布微博称：最近听说360破解了特斯拉的车载系统，远程解锁并取得了控制权。现在我受比亚迪汽车电子事业部委托，向360安全卫士下战书。我们的最新车型“秦”上搭载了更为先进的云服务系统，如何攻破甚至远程遥控驾驶车辆？期待360的破解，不仅是对您实力的展示，更是对我们系统的检验。

比亚迪公开挑战360只是一厢情愿

2015年后，汽车产业的玩法变了。

未来将没有传统汽车和新能源汽车，所有的汽车都叫一个名字：智能汽车。

智能汽车的时代来了，智能汽车屏、操作系统将成为大一号的智能手机，成为兵家必争之地。

而智能汽车产业最急需解决的问题是什么？安全问题！

奇虎360经过近十年的发展，市值100亿美元，员工6000余人，在互联网和移动互联网安全领域攻城略地，稳坐头把交椅。此役挑战国际智能汽车标杆特斯拉是360一场全球化品牌的证明之战，是必须要打，且必须要拿下的硬仗！

比亚迪只是新能源汽车刚崭露头角的一个新兵，被特斯拉抢尽风头，在汽车智能化方面更无法比肩特斯拉，尤其是在关注度和品牌影响力方面，差距明显。

比亚迪此次挑战360，360没有接招的必要。比亚迪和特斯拉不管是在品牌影响力还是受众上，都不是一个层级，360想必也不会在这上面浪费时间。

而这封战书则可以看作是比亚迪着急刷存在感的一个借势营销，只是一厢情愿罢了！

第十章

移动互联网时代——运营商

多年来，业界和学界曾反复探讨网业分离模式。此前，运营商认为此举是抢夺自己宝贵的网络资源，部分学者也认为这会形成新垄断集团。因此，网业分离一直被认为是一种理想化的、未必适合中国市场实情的政策手段。

国家基站来了？

粮油公司，自来水公司，电力公司……以后，生活中又会多出一个公司，叫基站公司（俗名“铁塔公司”）。

关于国家基站公司的消息越来越多，据说在3个月内成立并且运营，距离老百姓只有一步之遥了。工业和信息化部相关司局负责人确认，日前，三家基础电信企业正在研究共同组建一家通信设施公司，负责统筹建设通信铁塔设施，进一步提高电信基础设施共建共享水平。

对于组建国家基站公司，业内质疑声音不断。而对于普通消费者来说，基站公司的出现，能给我们的生活带来什么？

资费优惠政策到头了！

一个冠冕堂皇的说法是，组建基站公司对城市一体化非常有利，避免了条块分割的居民，甚至可以绕开小区物业，通过“红头文件”进行社区改造。

今天的电信市场，三大运营商“割据”现象严重，近年来全国多地运营商“肉搏”等恶性竞争时常上演。尽管各地均有主管部门来“和谐”，但是战火始终没有停息。

而在激烈的竞争背后，是通信资费不断下调。拿中国移动的4G资费来说，开始每月最低消费138元，后来降低到78元，现在只有58元了。中国移动高层多次表示，电信资费仍然有一定的下调空间。4G价格战在全国各地竞相上演，中国移动与中国电信、中国联通之间的用户争夺战中，用户是直接受益者。譬如，中国移动集团要求4G全国统一资费，取消了漫游费。三大运营商3G/4G变相促销是常态化，送话费，送手机，送油盐酱醋……这源于各自建网成本的不同，可根据本公司的实际调节营销策略。轮番上演的“价格战”，让通信的资费越来越低。最近，新出现的虚拟运营商已经废除了流量月底清零以及套餐制度，彻底采用免费模式。

这就是竞争的结果。

然而，国家基站公司出现后，统一建网，运营商自行调节的空间就不多了。以前那种“随意性”的促销政策可能因此取消，老百姓享受的红利政策也就到头了。

所以说，一旦国家基站公司成为新的“地头蛇”，漫天要价，租赁费用居高不下，运营商可能就会趁机提价了，用户或重回“高价”资费时代。

服务质量难保障

基站公司耗资百亿，涉及三大电信运营商、设备商等产业链，影响巨大。但是，国企的弊病并没有祛除。据说中国移动出资40%，中国联通和中国电信各出资30%，还有一部分是民间资本。

在没有《电信法》保障的前提下，难以避免“三个和尚没水喝”。

第一，基站公司的办事效率让人担忧。目前无论是宽带下乡，还是 4G 网络普及，都是三大电信运营商自掏腰包来建设网络。“谁受益，谁承建”，运营商承担着社会责任，普及通信服务，赔钱赚吆喝。可是，基站公司独家经营，没有竞争，没有利润，可能不会像运营商那样“勤快”。

第二，用户投诉无门，也许会成为国家基站公司成立后的“怪状”。目前，三大电信运营商制式频谱不同，网络规划也不一样。如果将来所有用户使用同一张网络，那么网络优化将会面临问题。

三大运营商的竞争之下，用户投诉一般不会发生“扯皮”现象。如果由基站公司来运营，消费者遇到没信号的情况时，可能会面临投诉难题。因为运营商不管网络建设了，如果找基站公司，还要协调几家运营商买单才能实现网络优化。

第三，基站公司的出现，并不能避免通信辐射的问题。

目前，小区基站遭到居民社区住户的普遍反感。三大电信运营商为了缓解人们的反感情绪，会推出一些让利政策。譬如，将基站尽量建设得漂亮一些，伪装成为灯塔或者绿树，三个基站可以分散在不同的楼层。

国家基站公司成立以后，这种局面可能改变。三个小基站变成一个大机房，基站辐射可能会更大。基站公司不存在竞争，和自来水、电力公司一样了，住户不愿意让基站进入，后果或将是通信的中断。

笔者认为，与其成立十个向垄断集团输送利益的“壳公司”，还不如再来一次彻底的电信业重组，鼓励虚拟运营商发展，彻底向百度、腾讯等民企开放资源。

一个由三大电信运营商共同持股的“国家基站公司”已经敲定，注册资金百亿左右。成立后，该公司可能成为中组部任命一把手的第

54 家公司。这意味着，新成立的超级基站公司，在级别上将与目前的三大电信运营商平起平坐。今后三大运营商不再自建基站，而是租用国家基站公司的基站，维护工作也交给国家基站公司。运营商的存量基站、铁塔、管道也逐步装进这个超级基站公司。

历次电信重组，网业分离的说法都如影随形，但始终只是一种“说法”。近日，“财经十一人”从多个渠道获悉，一个较为激进的网业分离重组方案被重新提起。

所谓网业分离，是指将骨干网、接入网等具有公共性质的基础网络交由政府企业垄断经营，数据业务等竞争性业务由社会企业运营，实行自由竞争，同时业务运营商向网络经营者支付接入费用。

按照政策层的规划，后期将逐渐把运营商的存量基站、铁塔、管道也装进这个国家基站公司。鉴于未来三年中国正处于 4G 网络建设的高潮期，即使第一阶段只装入新建基站，国家基站公司的体量也相当惊人。仅中国移动，就规划在 2014 年底建设 50 万个 4G 基站，届时均会装进新公司。

但国家基站公司成立的影响还不在于其体量，而在于其对于整个基础电信运营格局的改变。

多年来，业界和学界曾反复探讨网业分离模式。此前，运营商认为此举是抢夺自己宝贵的网络资源，部分学者也认为这会形成新垄断集团。因此，网业分离一直被认为是一种理想化的，未必适合中国市场实情的政策手段。

此次国家基站公司成立，却是三大运营商力促而成。

中国电信和中国联通力推此事十分容易理解，二者无论在存量基站的数量上，还是新建基站的数量上，都无法与中国移动相提并论，一旦合并，资源共享，双方可以用比新建小更多的成本和代价来迅速部署 4G 基站。

而中国移动力推亦有其深意，LTE 要深度覆盖，需要更多的新建站址。在站址资源日益枯竭的现时，打通三家公司的站址资源显然有利于 LET 的推广。

不过，鉴于三大运营商各资源优势的不同，可以想见，在超级基站公司的成立和运营过程中，将充满博弈和暗战。例如，中国移动会交出原有的站址吗？随着业务的进展深入，中国电信会全盘开放铜缆和光纤资源吗？

时至今日，三大运营商在新的融合竞争环境中，已经陷入胶着状态，传统的电信运营思维在互联网公司的竞争面前渐显无力。实现网业分离、放手硬件基础设施的建设和维护之后，运营商有可能轻装上阵，无论是智能管道的建设，还是正面对抗 OTT 公司，都会从容不少。

从决策层的角度来看，这一决定风险不小，例如，技术升级可能因此放缓，业务或服务提供商可能将因基站公司滥用垄断地位而面临落地困难的局面。

但从大面上看，走出这步棋后，整盘棋应该活了。

铁塔公司来了！

从消息人士处获悉，今后三大运营商不再自建铁塔等基础设施，而是租用国家铁塔公司资源，维护工作也交由铁塔公司。

“组建铁塔公司有两大目的：一是将基础资源统一管理，倒逼运营商进行业务创新；二是落实十八届三中全会精神，让民营资本进入原本垄断的电信行业。”

运营商内部人士忧心，铁塔公司成立、虚拟运营商杀到、营改增等多重压力下，运营商黄金时代一去不返。不少运营商人士希望加入“铁塔公司”，确保“旱涝保收”。

铁定引入民营资本

新公司名暂定为“国家铁塔公司”，负责统筹建设通信铁塔设施，提高电信基础设施共建共享水平，降低行业建设成本。

铁塔公司注册资金百亿元之巨，级别与目前的三大电信运营商平起平坐。目前，三家公司股权分配方案是，中国移动将占有最大份额，约40%，中国联通和中国电信各占30%。

消息人士透露，十八届三中全会明确要求扩大电信业对民企的开放力度，因此铁塔公司未来一定会引入民营资本，“但民营资本整体占比不超过40%，必须保证国有控股。而单一股东所占股比也不允许超过中国移动”。

2014年3月26日，国资委牵头，会同工信部，组织三大运营商召开过一次协调会。此次会议研究讨论了铁塔公司组建涉及的重要问题，明确设立铁塔公司协调组和筹备组，其中协调组负责协调公司组建中的重大事项，筹备组负责具体的公司组建工作。国资委副主任、党委副书记张喜武任协调组组长。

目前现存基站数量最多的中国移动，主导了铁塔公司的筹建工作，筹建办甚至设在了中国移动总部。

据通信行业作家尚晓蒲透露，由三大运营商共同组建的铁塔公司现已明确分工：中国移动将负责 TDD 与 FDD 基站的建设与维护，中国电信负责光进铜退以及农村无线宽带基站的建设与维护，中国联通负责城市免费 Wi-Fi 无线上网基站建设与维护。

运营商黄金时代不再

建立铁塔公司的目的，按工信部的说法是为“进一步提高电信基础设施共建共享水平”，其实也是工信部力推五年多而收效甚微的“电信基础设施共建共享”的延续。

2008 年 10 月，工信部出台了关于推进电信基础设备共建共享的文件，希望借此遏制运营商为了争夺资源，在同一地点建多个铁塔的现象。到了 2012 年，工信部关于共建共享的指标要求上升到，共建率：铁塔 55%、杆路 30%、基站 45%、管道 40%、室内分布系统 30%；共享率：铁塔 50%、杆路 70%、基站 50%、管道 45%、室内分布系统 40%。

但三大运营商对于共享共建热情不高，共享率远低于工信部要求，某种程度上也造成了重复建设。

相关统计显示，如果三大运营商联合关闭 1 万个基站，可减少的支出将超 200 亿元，如果减少 10 万个基站，运营商减少的开支将超 2000 亿元，退还土地面积达数万亩。

但国家成立铁塔公司的目的显然不只于此。网络资产一旦如水、电、气一样由政府统一管理，配套的全市场化竞争管理机制也将逐步到位。

“未来运营商不需要再建设铁塔、机房、管线等基础设施，而要集中在战略、营销、业务创新上。铁塔公司的成立，也迫使运营商调整并寻求业绩增长方式，不是靠投资拉动增长，而是真正靠创新获得市场竞争力，推动电信业改革。”某运营商人士强调。

困难也显而易见。消息人士透露，主管部门已经明确，未来运营商的营销成本要削减一半左右，既要创新，又要成本控制，可以说是“螺蛳壳里做道场”。

自6月1日开始，电信业纳入营改增试点范围。税率分两档，基础电信服务征收11%的税率，增值电信服务适用6%的税率。由于三大运营商之前税率仅3%，调整后税率增加数倍，对运营商的利润造成巨大压力。据测算，运营商税后净利润可能会下滑15%甚至更多，再加上虚拟运营商和OTT公司们的夹击，电信运营商内部人士都大叹“日子难过”。

不少“求稳”的运营商人士希望可以去新成立的铁塔公司，因为铁塔公司资源具有垄断性，而通信服务已成红海，更有相当数量的三大运营商高层及业务骨干，跳槽去虚拟运营商、互联网公司等任要职，年薪至少翻番。

正方观点：

1. 作为为三大运营商共同服务的集中运营专业公司，铁塔公司具有与物业单位进行集中谈判的能力，议价能力提高，一定程度上可降低三大运营商寻找租赁铁塔站址的难度。

2. 若经营良善，可提高铁塔利用率，有利于降低三大运营商的网络运维成本，提高三大电信运营商的网络覆盖质量。

3. 倒逼运营商提升效率，加大创新力度；引入民营资本，打破垄断，推进电信业改革。

反方观点：

1. 铁塔公司成立后，现存的三大网络竞争变成一张大网，事实上形成了新的电信基础设施垄断。譬如，之前运营商要努力提高网络覆盖率，否则用户会跑到竞争对手那里；现在，运营商的网络覆盖率统统一样。

2. 铁塔公司具有垄断地位，站址获取成本将全部转嫁给三大电信运营商，还可能不考虑站址获得的合理成本，导致站址成本虚高。

3. 一些效益较差的边缘地区，三大运营商的部分普遍服务职能将受制于铁塔公司。

虚拟运营商或成移动互联网入口！

搜索、社交、电商、安全、游戏哪个应用是互联网的真正入口？

十年前，没有标准答案。

百度、腾讯、阿里巴巴用十年时间交出了各自的答卷。

百度坚守简单，腾讯执着关系，阿里巴巴回归商道。

大道化简，三者冥冥之中坚守着人类社会最本质的东西：信息流、人流、商流。

正当各路一线厂商功成名就、各占山头、享受大美江山之时，一个叫移动互联网的家伙闯入世界。

有人视之为洪水猛兽、抢班夺权的叛军，有人视之为有史以来最大的风口。即使是猪也能御风而行。

短短几年，移动互联网没有改变，而是破坏、颠覆了原有的规则，彻彻底底改变了人类生活的方方面面。

而这一次，再不是马云的狐假虎威；比尔·盖茨说，互联网将改变人类生活的方方面面。

因为移动互联网已经占领了这个时代人类的生活。

大到影响整个国家的生产方式、经济格局。小到不使用移动互联网，你在北京已经打不到车了！

这一次没有人选择逆水行舟，大家欣然选择做一头风口上的猪。

但是猪也不易做，站对了风口，扶摇直上；站错风口，一命呜呼。

那么，谁才是移动互联网最大的风口？

什么才是移动互联网的真正入口？

浏览器、搜索、社交、移动操作系统还是智能手机？

各路一线厂商用钱袋子投票。UC坚持浏览器十年不动摇；移动搜索领域腾讯、百度、阿里巨头乱战；社交领域微信、微博难分高下；移动操作系统安卓后来者居上；智能手机领域雷军唯快不破。

虚拟运营商的出现又给出了另一个选项！虚拟运营商或是移动互联网最低调但最有王者基因的那个入口！

2012年6月28日，工业和信息化部发布了《关于鼓励和引导民间资本进一步进入电信业的实施意见》，明确了民营资本进入的八大领域。内地将扶持民营资本实质性进入基础电信领域，力争在移动通信试点业务方面推出一批民间示范企业，增添电信市场竞争活力。

2013年1月8日，工信部出台《移动通信转售业务试点方案（征求意见稿）》后，业内普遍认为，虚拟运营商的设立已成必然，因为该文件规定，“基础电信商应保障在试点期间至少与两家以上转售企业合作”；但其中也明确转售业务商比照增值电信业务管理，且不能自建网络、无号码资源，地位将类似于SP企业，这说明要依赖三大运营商才能生存。

为保证该试点实施，工信部的文件规定了强制措施：即要求“拥有移动网络的基础电信业务经营者应保障在试点期间至少与两家以上转售企业签署合作协议，并开展合作”。也就是说，三大基础电信运营商必须在两年内与两家转售企业合作。

移动、联通、电信三大基础运营商，在3G和4G网络布局水平不一，消费者如何知道自己买的号使用的是谁家的基础网络呢？“170”号段的11位手机号前四位将用来区分基础运营商，其中“1700”为电信，“1705”为移动，“1709”为联通。

工信部在2013年年底和2014年年初，先后向两批共19家民营企业颁发了虚拟运营商牌照，京东、国美、苏宁、阿里巴巴赫然在列。

以虚拟运营商阿里巴巴集团旗下的阿里通信为例：

阿里通信2014年6月初公布了其虚拟运营商业务170号段资费：无服务费、无月租和漫游费，全国接听免费。具体资费如下：用户入网首月，0元起步，按照1元加油包自动叠加收费：0～37元间，每使用5M流量计费1元；37～77元间，每6M计费1元；77～127元间，每7M计费1元；127元以上，每8M计费1元。阿里通信170号码，入网次月每月7元的保底消费。

阿里通信结合消费者在淘宝、天猫、支付宝的会员等级和消费、信用数据，授予170号用户一定金额的信用额度，在额度内可透支电话费。后续还将为170用户提供淘宝、天猫购物特权和优惠，来往、云OS手机业务也将与虚拟运营商业务结合。

阿里通信将于近期推出一款虚拟运营商业务的专属APP，可以实时查看账户余额，以及通话、上网和短信明细等。

暂抛开相关资费话题的讨论，虚拟运营商拥有其他应用无法比拟的移动互联网天然入口DNA。

（1）生态方面：运营商服务是移动互联网通信的基础服务，用户基础庞大，为移动互联网天然入口。

（2）政策方面：稀缺性牌照，当前19家，直接规避红海竞争是理想的入口选择。

（3）用户方面：例如阿里巴巴、京东基于互联网传统用户存量优势，可实现快速绑定移动互联网用户，基于通信服务，衍生搜索、社交、商务应用，搭建天然壁垒的移动原点。

入口之于用户，就像空气之于人体。虽然感觉不到空气的存在，但离开了空气人将无法生存。

如今的互联网离开了搜索工作，生活将无法开展；离开了社交，互联网将是孤立的世界。

运营商之于移动互联网，就如空气和人、鱼与水的关系。

虚拟运营商从笨重的三大传统运营商（移动、联通、电信）体系中走出。

虚拟运营商正式从后端走入前台。

虚拟运营商较之传统运营商更轻、更快、更符合人性……

虚拟运营商或成为移动互联网真正入口！

重资产模式盛行，虚拟运营商如何实现弹性经营

进入7月份以来，随着虚拟运营业务的正式放号，国内19家虚拟运营商进入了真正的比拼阶段。各获牌企业纷纷快马加鞭，在业务、品牌、资费、市场等方面走出了自己的差异化特色路线。

对于虚拟运营商来说，能否尽快获得用户认可并在市场上站稳脚跟，尤其能否尽快收回投资获得盈利是现阶段最为关心的问题。然而，虚拟运营商大战甫一开启，各家获牌企业均已砸入重金，人员招聘、市场宣传、系统建设，无一不是巨资投入。

轻资产，而非重投入

虽然虚拟运营市场刚刚开启，但是各方面信息显示，获牌企业已经投入了巨资进行前期铺垫工作，其中最大的投入发生在了计费系统的建设上。三大基础运营商中，有的规定虚拟运营商租用自己的计费支撑系统，有的允许其自建系统。后者无疑需要虚拟运营商进行巨额投入，前者虽然省去了一些麻烦，但是虚拟运营商要实现个性化的市场营销、定价和服务，也必须拥有自己的支撑能力，而不能完全依赖基础运营商的系统，因此无论自建还是租用，虚拟运营商都必须拥有自己的计费支撑能力。

然而，要支撑一张庞大的移动网络的运行，要能够为千万级用户提供服务，并很好地与基础运营商的系统进行对接，那么虚拟运营商必须投入巨资。数据显示，虚拟运营商单是建设面向一家运营商的计费支撑系统所耗资金就在千万元以上。而由于缺乏相关专业人员，虚拟运营商还需要从基础运营商和支撑软件供应商那里高薪挖来人才，积累下来也是不小的投入。

虚拟运营市场竞争激烈，中国移动市场部副总经理徐刚曾表示，根据全球发展规律，在开展业务的前五年内将有70%的虚拟运营商死亡，对于国内虚拟运营商的存活可能，他也给予了并不乐观的预期。既然如此，虚拟运营商就需要考虑如何让自己生存下来，而不是事无巨细地亲力亲为。

埃森哲大中国区通信、媒体与高科技事业部总裁黄国斌认为，虚拟运营商要获得成功就一定要做到弹性、轻资产开展业务。他认为，虚拟运营商不是基础运营商，没有沉重的网络成本，所以最好不要采取基础运营商的建设模式和运营模式，重投入、大产出的模式不完全适合虚拟运营商。因为目前各虚拟运营商未来的发展方向和业务模式还不够清晰，所以如何更有弹性地支撑虚拟运营业务变得尤为重要。

将非核心业务外包出去

黄国斌认为，在帮助虚拟运营商实现轻资产运营方面，虚拟运营商的服务提供商（MVNE，简称虚拟网络提供商）是一个重要角色，他们能够帮助虚拟运营商将有限的精力和资金集中在自己最擅长的领域，将并不擅长的部分外包出去，以实现低成本、轻资产运营。

在全球MVNO价值链中，有三种不同的角色和关联的业务模式：

MNO、MVNE、MNVO。其中，MNO 提供网络层的语音和数据服务；MVNO 是虚拟运营商；MVNE 聚焦在应用、服务、计费、客服和网络服务层面，提供 IT 能力和业务流程管理服务，基于网络层的支撑提供 MVNO 所需的服务。

MVNE 为虚拟运营商提供服务，可以大大降低虚拟运营商的进入门槛和运营成本，使其不必把资金分散投放在不同领域，而是集中资源于最核心的部分，弹性、轻资产地开展业务。同时，MVNE 由于对 IT 能力提供较为专业，因此能够协助虚拟运营商很快地建立虚拟业务提供能力，并帮助其更好地实现原有主业与虚拟运营业务的协同。

据悉，目前荷兰一半以上的 MVNO 用户都运行在 MVNE 提供的系统上；英国几乎所有的基础运营商都分别和不同的MVNE签订了合作协议，以规范 MVNO 和自身系统与网络的集成方式，并进而提供更复杂的业务功能支撑；沃达丰英国公司早在 2010 年就要求合作的所有 MVNO 都必须和选定的第三方 MVNE 平台集成，以实现与其 BSS 集成的标准化并提高效率。

黄国斌认为，尽管目前在中国还没有 MVNE 的现实案例，然而由于 MVNO 与基础运营商的多对多关系，中国市场对 MVNE 的需求会日益显现。

专业专注是关键

虽然 MVNE 是中国市场的发展趋势，但是黄国斌也表示，中国的 MVNE 不能完全照搬国外经验，因为欧洲的虚拟运营市场开放于 20 世纪末，当时的移动通信环境和现在大不相同。现在，为了有效应对当前移动互联网蓬勃发展的趋势，协助虚拟运营商抵御 OTT 的侵蚀，MVNE

除了提供计费支撑方面的能力外，还应该给虚拟运营商更多的帮助。

例如，通过商业智能与分析了解市场和自身的运营状况，通过电子商务降低业务运营成本、提高用户覆盖；充分利用 O2O 趋势，将电子商务与 O2O 整合，完成线上、线下的全渠道数字化建设；在虚拟运营商内部，MVNE 还可以协助虚拟运营商进行数字化运营的转型，助其把数字化运营扩展到业务的各个方面。

虽然社会分工与配合是未来的发展趋势，但是虚拟运营商目前还是心存顾虑：运营支撑、O2O 整合等都是虚拟运营的核心环节所在，交由外部企业去完成，是否能够得到质量放心的服务？一旦发生质量问题或者需要服务升级，这些企业是否完全可控？如果 MVNE 企业发生变动，是否会对虚拟运营造成影响？毫无疑问，这些都是虚拟运营商担心的问题，并且他们的担心不无道理。对于这一问题，解决的出路或许在于 MVNE 市场环境的完善，其作用得到基础运营商、政府的更多认可，以及更多成功案例的出现。

一个有趣的现象是，部分虚拟运营商也瞄准了 MVNE，例如迪信通曾经表示，不排除将来做 MVNE 的可能性。可以预见，未来的 MVNE 竞争必将多元化，而能在其中获得成功的，可能并不一定只是传统的 IT 服务提供商，而会有虚拟运营获牌企业。

运营商试水新流量经营转型：混合所有制成关键

2014 年 7 月，易信正式宣布用户总数超过一亿，由此正式进入互联网产品“亿级俱乐部”。与此同时，中国联通创投公司日前正式运营，定位于互联网方向和电信增值业务方向，主要面向互联网、移动互联网、云计算、物联网、电子商务、文化及新媒体等与联通主业协同的领域进行投资。而越发常态化的是，运营商与互联网公司合作的各种后向流量、定向流量模式正为双方打开新的市场空间。

移动互联网时代，电信业改革趋向轻资产化、重服务化，运营商纷纷踏上转型道路，涉足互联网业务创新。从以往的应用基地模式到如今的资本运作、后向流量合作，电信运营商正试水新一轮的流量经营转型，而混合所有制改革成为其中的关键词。

电信运营商互联网业务新玩法

近日，由中国电信和网易联合推出的移动聊天社交应用“易信”宣布，其用户总数突破1亿。在微信、手机QQ、陌陌等群雄并立的移动IM市场，易信借助差异化发展战略，在发布11个月后终于交出一份具有里程碑意义的答卷。

移动IM市场存在明显的用户规模效应和马太效应。在微信一家独大的市场格局中，差异化发展成为后来者突围的必由之路。可以看到，在目标用户定位上，易信切入IM市场时专注更年轻的用户群。在功能上，充分利用网易与中国电信的资源优势，推出“免费短信”“电话留言”“免费通话”“国际电话”“邮箱整合”等特色通信业务。同时，以IM为基础发展多元化业务，开发出“问一问”“拼车”等特色功能，提高了用户黏性。数据显示，在易信1亿用户群中，19～35岁用户占比高达74%，其中本科及以上学历占比81%，都市白领占61%，人均月度可支配收入5000元以上者占70%。

而作为异业合作的典范，易信成为中国电信加码混合所有制、通过资本运作试水互联网业务的一次大胆尝试。姑且不论中国电信在股权设置、放手经营权等方面展现的诚意，单从易信 OTT 业务与传统电信业务的融合，就可以看出中国电信自我革命、主动求变的决心。分析认为，移动 IM 公司的强大创新动力、快速市场反应和超强营销能力所带来的卓越用户体验正是运营商欠缺的，而运营商在号码资源、渠道、议价能力、平台能力和产业链控制方面的优势则是移动 IM 企业所需要的。殊途同归，移动通信加速与 IM 融合，未来产生的平台形态和移动互联网发展空间或许会令各界吃惊。而中国移动单打独斗打造的融合通信的意义或许也在于此。

运营商与互联网公司异业合作渐入佳境

运营商从最初的 OTT 强烈冲击带来的集体恐慌和抵制，到如今主动与互联网公司合作，预示着移动互联网发展的深入，也表明运营商转型流量经营渐入佳境。

一方面，运营商除了通过建立基地亲自参与到应用内容制作中，如今频繁通过投资、参股、员工持股等方式试水混合所有制，加快去电信化转型。例如，中国电信近几年动作频频，2013 年 8 月，与网易成立合资公司易信；2014 年 6 月，炫彩公司出让 34.426% 股份；7 月 21 日，天翼阅读引用中文在线、凤凰传媒、新华网三家共计 13892 万元投资，占天翼阅读增资后 20.7% 的股份。在此前的“2014 开放合作大会”上，中国电信董事长王晓初表示，2014 年中国电信将以混合所有制经济为导向，改变纯粹依靠自我积累的单一发展模式，尝试通过多种资本运作方式打造具有竞争力的新兴业务运营格局。而联通创投公司也将采用创新孵化服务 + 投资平台的模式，获取新的业务增长点和创新型人才。

另一方面，运营商与其他公司跨界合作推出创新业务。近期，三大运营商纷纷试水互联网金融。中国电信旗下的支付品牌“翼支付”不仅推出了货币基金理财产品“添益宝”，还针对上下游客户金融需求推出了供应链融资产品“天翼贷”，显示出其在互联网金融领域进一步布局的趋势。广东联通联合百度推出跨界互联网金融理财产品“沃百富”，不但可带来理财收益，还可与联通的话费及合约机套餐计划的费用紧密结合。

此外，运营商主动搭台，吸引互联网公司和应用开发商唱戏，将流量经营更进一步：一是直接向互联网等企业售卖后向流量，由企业整合自身业务后以“定向流量”的方式赠送给用户；二是与互联网、金融等企业进行深度业务合作，共同为用户提供“定向流量”与特色业务的整合服务。中国电信发布综合平台，中国移动牵手腾讯推出流量红包，广东移动推出“流量 800”等都是后向流量经营的探索。

提升 4G 应用聚合力需机制改革配套推进

自 2013 年年底国内 4G 正式商用以来，用户对数据业务的需求与日俱增，数据业务在运营商的营收结构中所占的比重日益增大，运营商迫切需要改变传统的以语音、短信为主的业务模式，全面转型流量经营。在 4G 竞争中，除了不断完善网络运营和终端等产业链外，运营商数据业务需依托更好的应用聚拢用户，创造流量和增值服务。

对此，运营商一是需要继续深化机制改革。可以看到，运营商涉足互联网增值业务已久，在视频、音乐、动漫、阅读、游戏、应用市场均早有布局，但在与互联网公司的竞争中往往落于下风，根本原因在于体制等的掣肘。因此，运营商的考核机制、外部合作、商业模式等需要做出一定的调整。

二是多途径吸引人才。在向移动互联网转型的过程中，传统企业经常会遇到内部文化、思维和人才方面的瓶颈。如何通过创投方式吸纳新型人才、留住人才，是运营商需要思考的问题。

在商业模式上，双向商业模式是电信运营商发展的方向。业内人士表示，后向模式仅是对运营商传统前向收费模式的补充，而不太可能取代前向模式。归根到底，运营商与互联网公司构建共荣的合作模式，有助于双方共拓市场蛋糕。

4G 调价

利好！北京移动 4G 资费将大幅下调！

“4G 网络就是快”的广告牌已经覆盖全北京地铁、公交。准 4G 用户已经蠢蠢欲动，而资费依旧是挡在用户与 4G 生活之间的大山。关于 4G 的资费网络上的精彩段子不断：

某电商大佬：

40 元包 300 兆流量，按照每秒百兆的速率，这个套餐 3 秒就用完了，3 秒 40 元，一个小时就是 48000 元。如果晚上忘了关闭 4G 连接，一觉醒来，你的房子都快成电信运营商的了。

虽然运营商方面回应称，用户不用担忧，因为推出 4G 业务国内（不含港澳台地区）数据流量提醒和流量封顶“双保险服务”。除了发送流量超量提醒，当客户每月流量费用累计到达 500 元时，会执行费用封顶，之后还会启动流量保护措施，关闭当月流量，下月自动开启。

而近日备受瞩目的中国移动资费调整方案出炉，全面下调资费，4G 生活或真正走入寻常百姓家。

从北京移动方面了解到，7 月 26 日起正式全面下调 4G 资费。笔者对比新旧套餐发现，新套餐的通话时间保持不变，而套餐内流量最多增加 500%。

1. 套餐内：58 元套餐档位，流量由原来的 200MB 增加至 500MB，是原来的 2.5 倍；188 元档则由 500MB 流量直接飙升到 3GB，增幅 500%。

2. 套餐外：新套餐中超出套餐流量的依然按 0.29 元/MB 收取，单价没变，但超出 100MB 后另加赠 400MB 流量；以此类推，超出 600MB 后再另加赠 400MB 流量，相当于用 100MB 送 400MB。

北京移动表示，北京移动 4G 网络趋于完善，目前已经基本覆盖北京城区、郊区和主干道，覆盖重心也逐渐由室外向室内倾斜。

“目前，北京地铁 1、4、6、9、13 号线已全面覆盖 4G 信号。2 号线已经覆盖，目前正在进行网络测试。到 8 月底，北京全部线路都将覆盖移动 4G 信号，北京移动的 4G 基站数已经超过 3G，2014 年年底将超过 2G。”北京移动市场经营部总经理李新章表示。

终端补贴引发行业洗牌

运营商终端补贴政策变化将引发产业大洗牌

近日，市场传出关于国内三大运营商终端补贴政策变化的消息。其中，2014 年中国移动计划减少 70 亿元左右，中国联通减少 18 亿元，中国电信同样有较大幅度的减少。在补贴对象上，中国移动将只补贴 4G 终端，对于 3G 终端，将只有渠道佣金（发展用户的补贴），而不再对裸终端进行补贴。中国联通是 3G 与 4G 并重，中国电信将更多地依靠社会化销售的模式。如此这般，会对相关产业，尤其是终端产业造成何种影响？

三大运营商各怀心思

营销费用必须削减（无论是国资委的强制要求，还是营改增之后利润压力的需要，都必须削减营销费用），其中占相当比例的终端补贴自然首当其冲。那么接下来，有限的终端补贴必须用在刀刃上。

对中国移动而言，其刀刃毋庸置疑是刚刚兴起的 4G 市场。按照中国移动的计划，2014 年全年 4G 用户要达到 5000 万，而截至 2014 年 5 月底，中国移动 4G 用户共发展了 810 万户，要完成 5000 万户的目标，需要在后面 7 个月当中每月发展 600 万户，可谓任重而道远。而 4G 用户的发展是中国移动 2014 年的核心任务，因此将终端补贴彻底向 4G 倾斜，也是意料之中的事情。更何况，3G 用户的增长所带来的价值远不如 4G 用户。

对中国联通而言，虽然其终端补贴也会减少，但肯定不会像中国移动那样完全倒向4G。中国联通在4G的发展方式上，想做混合组网，但是工信部只给它16个城市的试验网牌照，什么时候能够在全国推开仍是未知数，因此在这16个城市之外的地区，目前阶段还必须借助3G来发展用户。

另外，中国联通3G网络的质量远胜于中国移动3G网络，预计至少在未来一年内，中国移动平均网速（毕竟由于网络覆盖问题，在一些场景下用户还是需要切换到3G甚至2G的状态下使用网络）未必能赶上联通的网速，因此这样的网络仍具有较高的经营价值。

对中国电信来说，同联通一样，也面临着4G网络和4G终端如何发展的问题。因此，尽管也降低补贴，但也不会在短期内彻底倒向4G。

终端产业面临大洗牌

运营商减少终端补贴，以及明确调整补贴的方向，给当前已经习惯于生存在运营商补贴滋润中的终端产业带来了巨大冲击，具体而言，包括五个方面：

第一，国内终端产业的市场规模增长将会放缓。运营商每年减少100亿元的终端补贴，相当于这个市场瞬间减少100亿元收入，如果弥补这100亿元的收入，需要直接将每台终端进行提价，而提价的结果很可能导致销量下滑。此时，厂商又需要再提价，进而陷入了一个很难弥补收入的恶性循环。

第二，一批终端企业将会生存艰难，甚至会倒下。现在有一批终端企业，尤其是TD-SCDMA的终端企业，它们的共同特征是既不大也不强，生产出来的手机毫无特色可言。它们销售一台1000元左右手机的毛利润也就不到20元的水平，根本无法维系企业正常的生存和发展，只能依靠运营商补贴过日子。若中国移动只补贴4G，按照这些企业的能力，短时间内无法推出合格的4G产品，而传统的3G产品又取消了补贴，生存艰难甚至消亡是必然的趋势。

第三，部分高端手机的裸终端价格将有所降低。苹果、三星等高端手机，上市价格较高，利润也很高，有着充分的降价空间。在以往的模式下，运营商的补贴实际拉低了其终端的销售价格，但当运营商减少补贴，甚至取消补贴之后，若其需要保持销量，保持高利润，就需要在裸终端市场开拓，适当降低价格，这无疑是拉动销量的主要方式。而高端手机的降价，将会影响到中低端手机市场，让身处这个市场、依赖运营商补贴的终端企业的生存更加艰难。

第四，终端新政将倒逼企业增强创新能力。如果无法从运营商补贴当中获利，那么企业只有想办法从用户身上获取更多营收，所以主打细分市场不失为一种选择。

第五，终端产业将会更加集中。运营商的终端补贴新政倒逼企业创新，但创新资源有限且集中在大企业，只有大企业才能快速跟上时代发展的潮流。产业收入减少，逼着企业降成本要利润。毫无疑问，企业规模大、单款终端销量高，必然会带来成本的降低，在进行芯片等原材料采购的时候，就可以凭借规模降低成本，而在进行销售时，又能凭借品牌等因素获得较低的渠道成本，也就是说在未来，大企业才有可能有发展机会。

第十一章

移动互联网时代——移动游戏

美国和中国的玩家存在非常有趣的差别。两者之间最大的区别来自于一个非常简单的问题：是否玩游戏？中国 84% 的被调查者选择是，而美国的比例只有 69%。

2014年上半年中国移动游戏单机游戏玩家达3.8亿人。

易观智库发表的《2014年上半年中国移动游戏玩家数据》显示，2014年上半年中国移动游戏玩家中，单机游戏玩家达到3.8亿人，网络游戏玩家接近6000万人。

报告显示，单机游戏依靠低上手难度，成为移动终端用户最主要的娱乐形式。在游戏时长方面，单机游戏玩家总游戏时长为11.7亿小时，网络游戏2.5亿小时，单机游戏时长为网络游戏的4.6倍。

但易观数据显示，核心的移动游戏玩家依然集中在网络游戏方面。在用户黏性、创造产值方面，网络游戏均有优势。2014年上半年，平均每个网络游戏玩家游戏时长达4.41小时，单机游戏为3.05小时。

在游戏玩家类型偏好方面，休闲游戏占比28.53%，棋牌类占比21.92%，策略类17.05%。而在2013年下半年被业内寄予厚望的格斗类游戏的用户需求仅为0.21%，目前这种类型的产品依然以核心小众玩家为主。

2013年手机出版收入579.6亿元网游收入718亿元

2014中国数字出版年会在京开幕。国家新闻出版广电总局党组成员、副局长孙寿山在会上指出，我国数字出版产业2013年整体年收入已达到2540.35亿元，比2012年增加了31.25%，与2006年213亿元的规模相比，十年间我们的增长超过了十倍。互联网广告、手机出版与网络游戏占据收入榜的前三位。

中国新闻出版研究院院长、党委书记魏玉山发布“2013—2014中国数字出版产业年度报告”，互联网广告、手机出版与网络游戏占据数字出版收入榜的前三位，互联网期刊收入达到了15亿元，数字报纸11.6亿元，博客收入15亿元，在线音乐收入43.6亿元，网络动漫收入22亿元，手机出版收入579.6亿元，网络游戏收入718亿元，互联网广告收入1100亿。电子图书的增长最快，从2006年开始统计到2013年，我国电子图书的收入增长年均为78.16%，互联网期刊的增长比较平稳，从2006年—2013年年均增长率为12.69%，数字报纸的收入出现了小幅度下滑。

国家新闻出版广电总局孙寿山副局长表示，我国数字出版产业快速发展，整体规模不断扩大，但也存在一些问题：比如，盈利模式尚不十分清晰，数字出版平台不少，但是有影响力的不多。数字出版内容不少，但是优质内容不多。数字出版产品不少，但是收益不多。网络技术创新不少，但是数字出版使用的不多，使得数字出版产业呈现出一种低层次的繁荣，缺乏清晰的盈利模式，这是我们的现状。反观西方发达国家的大型出版集团，数字出版已经占到了其总收入的50%以上，而我们国家的传统出版单位目前做得最好的数字出版收入只占到总收入的15%左右。未来的新闻出版业，将是传统媒体与新兴媒体融合深入发展而形成的全新业态。

预计 2017 年全球移动应用收入将破 700 亿美元

据投资银行 Digi-Capital 在第一季度移动应用调研报告中称，到 2017 年，全球移动应用收入将达到 700 亿美元，虽然游戏目前占据应用收入的大多数，但未来未必会一路领先。该公司在报告中称，未来非游戏应用收入份额将可能实现翻倍增长，从目前的 26% 增长到 2017 年的 51%，当然前提是到 2017 年之前都保持目前 61.3% 的年度份额增长速度。

伦敦 Digi-Capital 总经理 Tim Merel 说："所有人都知道移动应用非常流行，游戏收入目前为止占据大多数，我们认为这个比例将会改变，其他应用类别在使用新的策略时将获得更多收入。我们已经看到 SaaS 类的应用服务正在增长，未来的变化令人期待。"

移动设备的使用率在过去四年里增长了 5 倍，2013 年的消费额接近媒介消费的 20%，从 2009 年到 2013 年，移动应用复合年增长率是 50%。

而且移动应用投资也快速增长，自 2013 年第三季度开始已经实现翻倍增长，过去 12 个月的移动应用投资总额已经达到了 100 亿美元。

移动应用并购额在过去一年里达到了 350 亿美元，而且还不包括 Facebook 收购 WhatsAPP 使用的 190 亿美元。在 2014 年第一季度，移动应用并购额达到了 70 亿美元，也就是 2013 年同期的 2 倍。

Merel 说，移动应用公共和私下估值也因类别而各不相同，有些类型的应用由于收入表现较好而估值较高，对于投资者和并购者来说，似乎并不是所有应用都能带来同样的收益。

带 IAP 的免费应用占据了收入的 90% 以上，但并非所有类别的应用都如此。IAP 购买对于游戏货币化非常适合，占据了 40% 的下载量和 74% 的收入份额。但 IAP 对于游戏之外的应用就不那么适用了，虽然占据了下载量的60%，但仅占非游戏应用收入的26%。

新的研发方式是“应用作为服务”模式，和其他行业的SaaS软件开发非常类似。

Merel说：“应用市场也创造了数十亿美元级别的公司，而且有全球加速增长的趋势，我们预计很多亚洲和欧洲公司将出现大型的企业家和投资者进入移动应用市场。”

上海移动游戏收入2013年增167.1%达21.9亿元

2014上海游戏精英峰会暨上海游戏出版产业报告发布会在沪召开，会上发布的《2013上海游戏出版产业报告》指出，随着移动互联网的普及和发展，上海移动网络游戏市场规模实现高速增长，2013年同比增长率约达到167.1%，带来收入21.9亿元。上海网络游戏（包括客户端网络游戏、网页游戏和移动网络游戏）的整体销售收入比2012年增长34.2%，约达255.2亿元，约占全国销售总额的30.7%。

在上海游戏产业中，传统客户端网络游戏仍旧占据主体地位，以169.7亿元坐拥66.5%的市场份额。网页游戏销售收入63.6亿元，市场占有率约为24.9%。而收入增长强劲的移动游戏作为整个产业的后发动力，市场份额已达8.6%，相比去年实现翻倍增长。

报告分析说，近年来释放的政策红利，激发了上海游戏出版产业的活力。

剑网行动：众移动游戏企业联合发起保护版权倡议书

2014年7月，“2014移动游戏版权保护倡议暨培训活动”在京举行。UC、腾讯、畅游等近百家移动游戏企业在现场联合签署了《保护移动游戏版权自律倡议书》。

本次会议由中国互联网协会移动互联网工作委员会和首都版权产业联盟联合主办，国家新闻出版广电总局版权管理司司长于慈珂、北京市版权局副局长王野霏、中国互联网协会秘书长卢卫等政府主管部门和协会领导出席会议并致辞，这也是关于移动游戏版权保护的会议出席“阵容”最强大的一次活动。

随着智能终端的普及和4G网络的建设，移动游戏的用户规模和市场份额都呈现爆发式增长。移动游戏作为移动互联网行业最先具备成熟商业模式的领域，近年来已经成为推动信息消费的重要助力。但同时与移动游戏产业快速发展共存的是，移动游戏侵权盗版现象屡见不鲜，版权纠纷问题与日俱增，2014年也被游戏业界称为游戏的“IP年”。

中国互联网协会秘书长卢卫谈道：“到2014年6月底，中国网络游戏用户据有关资料显示已经达到了3.68亿，2014年第一季度，中国网络游戏市场规模超过了250亿，其中移动端贡献超过了1/4。移动游戏市场已经成为信息消费的一个新领域，移动游戏平台不仅涵盖了游戏，而且和动漫、文学、影视等多种业务关联，实现了多平台的版权开发与利用，建立了多个娱乐领域的版权产业链。在欣喜地看到游戏产业蓬勃发展的同时，移动游戏版权保护工作还需要进一步完善和加强。我们希望移动游戏企业从以下几个层面共同努力：第一，尊重企业创造成果，增强版权保护意识；第二，加强自主研发能力，打造精品移动游戏，提升企业的核心竞争力；第三，建立版权保护应急机制，企业可以尝试建立版权风险防范机制；第四，积极探索国际版权的合作。”

2014年6月，国家新闻出版广电总局、国家互联网信息办公室、工业和信息化部与公安部四部门，联合开展了第十次打击网络侵权盗版专项治理“剑网”行动，大力打击侵权盗版，保护权利人的合法权益。国家新闻出版广电总局版权管理司司长于慈珂说：“今天这个自律倡议在互联网行业里面带了一个好头，希望不单是游戏产业，音乐、文字、软件等行业都要加强自律，在各方面发挥自身作用，共同推动网络版权的良好环境。版权和版权保护是移动游戏的核心，是非常重要的资源，我们要认识版权，保护版权，同时要运营好版权，才会使游戏如虎添翼，发展得更好。”

北京市版权局副局长王野霏提到：“版权问题除了是法律问题，本质上更是经济问题，更多的是发展问题，因此我们要更关注产业合理商业模式版权。版权是手游公司一定要迈入的门槛，但更是一种战略武器。当一个协会开始关注版权保护的活动或者是倡议，标志着一个产业走向产业化的一个成熟或者是健康发展的阶段。”

首都版权产业联盟秘书长韩志宇等领导和专家，除了介绍了移动游戏所涉及的著作权相关法律法规外，对于参会企业关心的如何建立移动互联网时代版权方与渠道方的共赢生态环境，也从多个角度进行了介绍。

会议现场，来自UC九游、腾讯、畅游的企业专家，分别从游戏运营商和游戏开发商的角度，结合各自的业务介绍了企业在移动游戏版权保护方面的实践与思考。UC九游特别提出将帮助中小游戏企业代理申请知识产权，维护企业的合法权益，夯实从业者的版权意识，引起了中小企业的极大反响。

会议最后，中国互联网协会移动互联网工作委员会联合首都版权产业联盟以及相关移动游戏企业向全国移动游戏业界和广大网民发出了“保护移动游戏版权自律倡议”，号召广大移动游戏企业积极响应“剑网”行动，维护和完善移动游戏产业版权创新及版权交流新秩序，营造良好的移动游戏版权环境，促进移动游戏行业的健康可持续发展。

附：《保护移动游戏版权自律倡议书》全文

为积极响应“打击网络侵权盗版专项治理‘剑网’行动”，保护版权权利人的合法权益，维护和完善移动游戏产业版权创新及版权交流新秩序，营造良好的移动游戏版权环境，促进移动游戏行业健康可持续发展，中国互联网协会移动互联网工作委员会联合首都版权产业联盟以及相关移动游戏企业向全国移动游戏业界和广大网民发出如下倡议：

一、严格遵守国家法律、法规和政策，坚持文明守法、诚信自律、公平竞争、和谐发展理念，信守企业间版权保护协议，自觉维护移动游戏行业形象和声誉，努力营造健康有序的移动游戏产业版权环境。

二、加强行业自律，恪守行业规范，履行社会责任，尊重他人版权，坚决抵制侵权盗版行为，不侵害他人的移动游戏版权，不为违法盗版行为提供便利与平台，自觉接受社会监督，主动配合政府管理部门对移动游戏版权违法行为的打击和查处工作，提升移动游戏行业公信力。

三、增强版权意识，积极学习和掌握版权知识，掌握自身权益保护手段，不断提高从业人员的版权意识、职业素养和诚信水平，积极登记作品，注重保护创新成果。在面临被侵权行为时，积极通过正规调解和法律途径维护自身权益。

四、完善创新机制，提高创新能力，加大研发投入，建立企业内部创新激励机制，提高企业版权保护、运用和创造能力，形成鼓励创新、尊重创作的社会环境和产业氛围，努力为移动游戏用户提供优质、安全、可信的产品和服务。

五、广大移动游戏网民增强版权保护意识，自觉抵制盗版、侵权产品的使用、制作和传播，积极举报各类侵权盗版行为，共建共享清朗移动互联网空间。

六、各方积极参与宣传保护移动游戏版权的行业活动，推动建立移动游戏版权保护良好环境，携手维护和完善移动互联网产业版权创新及版权交流新秩序，共同致力于移动游戏版权行业的健康发展，为切实推进我国移动游戏版权保护做出贡献。

倡议发起单位：

中国移动互联网协会移动互联网工作委员会、首都版权产业联盟、12321网络不良与垃圾信息举报中心、中国互联网协会反垃圾信息中心、UC九游、腾讯游戏、畅游、百度、触控、360游戏、空中网、豌豆荚、北纬、飞流、光宇、金山、开心、艾格拉斯、中青龙图、神奇时代、乐动卓越、有爱互动、蓝港、7k7k、昆仑、完美、巴别、forgame、明珠、西山居、胡莱、掌趣、play800、呈天游、顽石、魔游世纪、九九乐游、新浪微游戏、掌聚互动、微赢互动、雪智精、魔方、掌上纵横、凤凰网、华娱无线、艾伏锐、汉仪科印、木蚂蚁、博瑞网络、当乐网、玩蟹科技、手游天下、上方龙坛、手游达趣、掌聚互动北京凌云时代、埃森影视传媒、钛金骑士、龙霄在线、首都在线。

中美移动游戏玩家对比

美国和中国的玩家存在非常有趣的差别。两者之间最大的区别来自于一个非常简单的问题：是否玩游戏？中国 84% 的被调查者选择是，而美国的比例只有 69%。

Magid 的报告显示了中国玩家的普遍习惯，平板电脑和智能手机的游戏取得了大幅增长，79% 的中国玩家每周都用平板玩游戏，智能机的比例也达到 57%。

值得注意的是，中国互联网的分布过于复杂，这可能会影响最终的调查结果。"调查的问卷来自于中国互联网用户，大多数来自于城市里的年轻人，他们的受教育程度要高于中国的平均水准。相对而言，美国的互联网用户更能反映流行趋势。" Frank N.Magid 执行总监汤姆·戈弗雷说，"事实上超过三分之二的人在玩游戏，这是一个庞大的数字。在我们最新的研究中，68% 的平板用户和 66% 的智能机用户每周都会玩游戏。"

在中国，智能机和平板数量的急剧增长让它们接管了这个国度的游戏文化，每周都玩游戏的手机和平板玩家分别增长了 59% 和 50%。与之相比，PC 游戏和免费 MMO 游戏要相形见绌，分别为 45% 和 44%。

"在中国，智能机在计算机设备上开创了先河，让每个人都能负担得起，发展速度超越了PC市场。在此之前，中国的游戏文化还是以网吧为中心，移动设备的发展为游戏创造了更多的可能性。”戈弗雷说。

智能机对中国人越来越重要，90%的问卷调查者声称手机必不可少，只有43%的美国人认为没有手机就活不了。

两国用户在游戏上的消费习惯也有很大差异，在中国67%的iPad用户和63%的安卓平板用户会购买虚拟产品，在美国这个数字只有37%和33%。与此同时，中国52%的iPhone用户和40%的安卓智能机用户会购买虚拟物品，美国用户的比例只有28%和14%。

对美国免费游戏开放商而言这是个警示，但戈弗雷并不担心，他认为这种差别会逐渐缩小。

“付费模式在中国根本行不通，在免费游戏方面，腾讯和Nexon这样的大型开发商更有经验。过去一年多里，美国主要的开发商都迅速转向微交易模式，我们可以预见两国玩家的差距会越来越小。”他说。

Magid的美国在线调查时间是2013年4月24日至5月8日，受调查者2400人，年龄从8岁至64岁不等。在中国，Magid的调查时间为2013年9月8日至14日，受调查者为1000名13至64岁的网民（其中60%低于30岁）。

网友“影魔”：

我是一名游戏APP开发者，近期打算进军海外市场，很想了解下中美手游用户存在哪些习惯上的不同？

猎豹移动调研了中美的8万名手游玩家，分析他们在过去半年里表现出的行为习惯，总结出了以下几点不同（由于中国台湾地区用户习惯差异较大，特别单独总结其行为特点）：

1. 三地玩家最常加速的前 10 款游戏：动作、跑酷类占一半以上，好玩又不卡的跑酷游戏可命中玩家潜在痛点。

在大陆地区，腾讯系游戏因为庞大的用户基数而占据几乎全部榜单，主要的游戏类别为动作、跑酷类。

美国和中国台湾地区的游戏分布更多样化，动作跑酷、益智和模拟经营类都是最常被加速的手游类别。

共同点是，跑酷类、动作类手游占最高比例。看来，当前热门的动作、跑酷手游，在流畅度上还有较大的提升空间。“好玩又不卡的跑酷游戏”这样的宣传点，或许能够命中大量玩家的潜在痛点。

2. 三地用户每天使用游戏加速的次数：中国台湾地区重度手游玩家比例远超美国，开拓中国台湾地区市场将成 2014 年行业热门现象。

中国台湾地区手游玩家痴迷游戏的程度居然超过了美国。面对日趋饱和、竞争激烈的大陆市场，很多游戏商将日光转向其他地区。通过数据可以看出，中国台湾地区市场虽小，却聚集了大量拥有良好付费习惯和黏性的重度玩家，有很高的商业价值。再加上两岸同文同源，“大陆手游进台湾”或成为 2014 年度的行业热门现象。

3. 三地用户在一天不同时段使用游戏加速的次数分布：“黄金 6 小时”现象通行全球，游戏每日消息推送集中在此时间段的收益最大。

无论是在中国大陆、中国台湾地区还是美国，上午 10 点至下午 1 点，晚上 7 点至晚上 10 点，这两个时间段都是用户使用游戏加速功能的波峰，总共 6 小时时长。

如果游戏厂商在此时间段中推送每日消息，被用户关注到进而打开游戏的概率最高。

4. 三地应用市场的游戏总数和玩家选择意愿：美国、中国台湾玩家更爱尝试多款游戏。

在此项数据的统计中，中国台湾地区和美国地区选取了当地 Google Play 市场的游戏总数，而中国大陆用金山手机助手市场内的游戏总数进行代表。值得注意的是，美国、中国台湾玩家更愿意尝试不同的游戏，而中国大陆玩家相对“守旧”一些。

5. 三地玩家玩游戏时的网络环境：中国大陆玩家对手机流量高度敏感，手机网游在宣传中应强调省流量，可提升玩家在非 Wi-Fi 环境下的游戏活跃度。

面向中国大陆市场的手游厂商，应该高度重视用户对手机流量的敏感度，用诸如“连续玩一小时只需要 ×× 手机流量”之类的宣传点，持续提升老玩家在非 Wi-Fi 环境下进入游戏的意愿，以获得更多收入。

6. 三地玩家手机内存配置对比：高端手机在美已成主流，中国大陆和中国台湾地区中端机型称王。手游厂商应考虑玩家的硬件条件，优化游戏的内存占用策略。

移动互联网仍是屌丝天下

2014 年 6 月 25 日，易观智库发布《2014 年上半年中国移动互联网统计报告》。报告显示，截至 2014 年 6 月，中国移动互联网网民达到 6.86 亿。

报告显示：移动互联网仍是屌丝天下；二、三线城市占比尤为突出；区域性差异稍露端倪；娱乐需求地位稳固。

以下为易观智库《2014 年上半年中国移动互联网统计报告》要点：

1. 移动互联网仍是屌丝天下

男性用户占比 60.2%，25 ～ 40 岁的中青年超过六成，高中及以下学历占比 33%，工人、服务业人员占比 22.5%，没有收入的占比 20.6%。

未来，移动互联网企业在获取流量方面：一方面需要在提升现有用户使用深度方面下功夫；另一方面，新增用户的获取主要通过降低移动应用使用的难度和开发新产品以满足未满足的需求为主要手段。

2. 二、三线城市占比尤为突出

调研数据显示，移动互联网网民中二、三线城市人口占比超过五成，城市移动互联网渗透率相对较高。运营商基础建设从城市转向农村，通过改善硬件设施、三大运营商的重视、移动终端价格的不断调低，乡镇会成为移动互联网网民另一个有力增长点。

3. 区域性差异稍露端倪

数据显示，移动互联网网民在区域上的差异微微显露出来，在一线城市，微信成为女性用户的首选应用，而在二、三线城市，QQ 则是女性应用的首选；在一线城市，男性用户中国移动应用 top10 当中并没有购物类的 APP，而在二、三线城市，淘宝网进入了男性用户使用 APP 的 top10 中。在年龄结构中，一线城市 24 岁以下的移动互联网网民中，移动视频类 APP 进入热门 APP 的 top10 排名之列，而在二、三线城市中 24 岁以下的移动互联网网民中，热门应用的 top10 之中并没有出现视频类的 APP。

4. 娱乐需求地位稳固

移动 IM 在中国移动互联网网民中的覆盖比例仍居榜首。移动音乐、移动视频、移动单机游戏的网民覆盖紧跟其后。移动互联网网民使用的重点依旧围绕在社交、音乐、视频、游戏四大娱乐领域，而购物、地图等需求紧随其后。易观智库分析认为，移动互联网工具类、商务类需求呈现明显的渗透趋势，即购物、道路查询、搜索等需求以功能的形式嵌入到娱乐类应用之中，这也迎合了移动互联网 APP 切换成本高的特点。各移动互联网企业为便于用户使用，以此种方式降低用户应用转换的时间成本。在这一特点及趋势的带动下，未来超级 APP、平台 APP 的量级将不断提升，工具类、商务类应用的功能属性将更加明显。

移动游戏利润可观

随着像 Farm Ville（农场类游戏）等致瘾性游戏在网络盛行，Facebook 曾创造了休闲类游戏异常繁荣的局面。然而，这个世界最大的社交网络巨头似乎更加愿意为第三方游戏提供展示平台，而非在移动领域再次成为自家休闲游戏的平台。

2014 年 5 月，Facebook 推出应用中心（APP Center），该应用同时支持移动端和 PC 端。该公司对游戏板块进行略微调整，以帮助用户更轻松地在不同的设备上找到想要的游戏。

实际上，社交游戏公司 Zynga 能有今天的成就，与 Facebook 的特别支持是不可分割的。随着亚洲通信公司 Line 和微信等通过第三方专门的游戏平台大赚特赚，Facebook 肯定也希望再次进入这个行列，那么这一次它将瞄准手机移动端吗？

利润可观的移动游戏平台

Line 有近 5 亿注册用户，按照最近的表现来看，它有望在 2014 年获得约 6 亿美元营收，这还不包括其年度营收惊人地增长了 223% 和季度增长 19%。微信的月活跃用户达到 3.9 亿，但其游戏平台的营收一直不曾披露。但是本财季，微信帮助其母公司腾讯的移动游戏营收增长了两倍至 2.9 亿美元。

这些聊天应用游戏平台，实际上相当于游戏盛行时期 Facebook 平台的移动优化版本。用户在 Google Play 或 APP Store 下载这些应用，并用其社交账号进行登陆。于是 Line 和微信便能够利用朋友圈来让用户争夺以好友为基础的排行榜的排位、分享信息和游戏，从而以换取免费道具。

这些游戏都是免费提供，但企业是通过应用内购来赚钱的。Line 提供超过 30 种不同的游戏，其游戏平台上的游戏拥有超过 4 亿的下载量，超过 7 款游戏的下载量均超过 1000 万次。

腾讯对于微信的游戏数据谈论较少，据了解，中国版微信首次推出的 5 款游戏，在前三个月的下载量就达到 5.7 亿次。这个数字足以使微信颠覆中国移动游戏领域。

韩国的 KaKao 规模远小于微信或者 Line，不过它也在大力发展游戏业务。该公司控制了当地的应用商店榜单，并且这些游戏收入帮助其实现年利润 5900 万美元。而这家企业才成立四年，这是非常令人印象深刻的。

Facebook 设定了更高的目标

游戏显然是金钱所在。而美国目前仅有两家——Kik 和 Tango 制定了游戏战略的信息企业，该市场目前尚处于早期发展阶段，因此 Facebook 加入这个行列正是时候。

2014 年 4 月，有分析人士指出，Facebook 可能为移动信息业务制定了一个双管齐下的策略：以 WhatsAPP 替代手机短信，并增强 Messenger 以内容为驱动的用户体验。不过 Facebook Messenger 在未来可以采用自己的游戏平台，现在看起来 Facebook 似乎愿意担当促成者的角色，而非提供使用其品牌的游戏平台。

上个季度，Facebook 的移动应用广告安装系统占据其总广告营收的近 60%。按照现在的情况，如果 Facebook 开设一个游戏频道，这将立即与那些热切购买其应用广告安装的企业形成竞争关系。

同样，Facebook 开发游戏频道也可能危害用户以及广告主。Facebook 已从推出 Farm Ville 的日子吸取教训，当时 Facebook 用户好友不断发布游戏中关于购买奶牛和其他物品的请求，这使很多人开始质疑这个社交网络的价值。

而移动端的体验更加个人化，与 PC 端相比，每一条“不请自来”的信息都更令人不快，因此保证用户体验不受垃圾信息的侵扰尤为重要。

可能存在的威胁

Facebook 的目标不仅仅是移动端游戏，该公司还制订了支付及其他平台服务类的计划。不过如果 Line、微信以及其他信息应用，都能在美国赚钱并抢走消费者对 Facebook 的关注，那么该公司可能需要重新评估其策略，并使游戏成为其优先选项。

当然，这些公司都是全球顶尖的科技企业，它们正积极追逐游戏业务，以帮助其进行全球性扩张。

腾讯最近投资 5 亿美元，收购韩国公司 CJ Games 的股权。据知情人士透露，该公司正积极寻求美国工作室。腾讯最近表示，正考虑突破休闲游戏，将部分注意力放到中核游戏（介于休闲与硬核游戏之间）上。

而阿里巴巴刚刚开始打造游戏业务，其充足的财力以及最近投资 Tango 在美国获得的影响力，可能会抢走人们对 Facebook Messenger 的关注。

专注于游戏的日本社交网络公司，如 DeNA 和 GREE 等，或许未能将它们的帝国扩张至国外。不过，信息应用已经成为 2014 年的热门话题，游戏已经成为吸引用户参与以及赚取大量收入的重要途径之一。不过，还是不要预想 Facebook 会直接参与到这个领域当中。

全民微信打飞机

凭借着智能手机和微信等社交新平台，空战游戏（俗称“打飞机”）再一次焕发出新的活力，成为人们休闲娱乐的掌中宝。目前为数不多的微信游戏里面，打飞机类的游戏就占到了三个，而刚刚推出不久的新浪微博游戏中心里面，仅有的两个游戏当中就有一个是空战游戏。

在单机游戏占主导的街机和游戏机时代，打飞机游戏曾经盛极一时，《沙罗曼蛇》《雷电》《彩京》《19XX》系列是不少玩家心目中的经典和美好童年回忆。事实上，人们进行的最早的电子游戏尝试就是空战类型的。

这个由电管显示器显示，名为《Space War！》的游戏就是人类历史上第一个空战游戏了。

空战游戏是最为流行的游戏类型之一，历史源远流长。最早的空战游戏可以追溯到1962年，由麻省理工学院的学生Steve Russell和他的几位同学一起设计，通过阴极射线射电管显示器来显示画面，模拟了包含各种星球在宇宙空间之中发生的空战游戏。

不过，人类为什么会痴迷打飞机类的游戏呢？细想之后原因大致有以下几点：

其一，对自由飞翔的渴望。

重力将人类牢牢束缚在地面上，给了人类以安定也成为束缚自由的一大原罪，能像鸟儿一样在天空自由翱翔，恐怕是每一个人都曾有过的梦想。

作为实现人类愿望的一种手段，游戏在一定程度上实现了人类的这一愿望，脱离地心引力的束缚，在一望无际的天空翱翔，是打飞机游戏玩家一种自觉与不自觉的追求。

其二，战斗的原始本能。

战争是人类永恒的主题，飞机作为常规战争机器的最高形态，相当于战争中最顶级的存在，拥有无与伦比的吸引力。想要演绎出刺激肾上腺素狂飙的精彩战斗场景，空战游戏无疑就是最佳选择。

在这里，不得不发一句牢骚，现在的空战游戏多的是靓丽卖萌。但男性玩家是空战游戏的绝对主力，机械才是男人真正的浪漫！

其三，冒险的欲望。

人类冒险的欲望与生俱来：一方面人们追求安稳和平，另一方面又跃跃欲试地想要去体验危险的感觉，再没有比游走在枪林弹雨中更加刺激的冒险了。在这一点上，空战游戏刚好迎合了人们的这一心理需要。

空战游戏满足了人类冒险精神和个人英雄主义情结，这就是人类为什么痴迷于打飞机游戏的深层原因。

飞机游戏的本质还是一种娱乐，让人们在闲暇之余得以消遣一下，适度怡情，过度伤身。

后记

移动互联网时代下的智能城市、智能世界、智能生活

圣雄甘地曾说过：“要想发现真正的印度，不要去它为数不多的城市，而要去它的70万个村庄。”虽然这句话在过去可能是对的，但不再如此了。这个国家每分钟约有30个居民带着自己的锅碗瓢盆从农村迁往城市，到21世纪末，印度不会剩下太多村庄了。

上一个十年即将结束之际，我们的星球取得了两大突破。首先，地球人口跃过70亿大关，历史上第一次，全球50%的人口生活在城市。预计2025年前，该比例将上升至60%。在这段时间里，西方发达国家的城市化水平将达到80%。城市化变得如此重要，以至于一些城市的地位也得到了提升，比如布鲁塞尔、首尔、波哥大，等等，它们的重要性甚至超过了它们所在的国家，因为这些城市贡献了该国40%以上的GDP。有趣的是，英国也颇为努力地专注于城市化的大趋势，将城市作为增长的中心，并设立了一个新的部长职位，称为“城市部长”。这位部长的职责是释放城市的经济潜力，从而给予其更多的权利和自由以发展经济。

随着人口进一步向城市集中，将城市建设得不仅环保而且高效成

为了一项更加重要的任务。因此，一些生态友好型城市的早期范例正在涌现。有一些城市专注于能帮助其高效运转的几个特定方面，比如交通、能源和垃圾管理。例如，为了对能源进行智能管理，智能电网正得到大力推进。通用电气等大型能源公司正在为亚特兰大等城市建设并运行智能电网，通过一个云平台每月收取费用。

虽然智能能源是根本，但它并不是智能城市的唯一方面。对于什么是智能城市，我在Frost&Sullivan公司的团队发表了更为贴切的看法，他们仔细研究了目前全球开展的众多智能城市项目和方案，发现它们之间存在一些关键的相似之处。我们确认了定义智能城市的八个关键方面：智能治理、智能能源、智能建筑、智能移动、智能基础设施、智能科技、智能医疗和智能市民。

我们花了些功夫缩小定义范围（因为没有此类定义存在），最终，我们将智能城市定义为至少满足上文列出的八大“智能”指标中五项的那些城市。而只实施了其中两三项的城市，我们定义为生态友好型城市，比如法国的尼斯。倒是有几个智能城市的项目，比如马斯达尔城，但以我们的定义看，这些城市太小了，无法真正将其称为城市。2025年，预计全球将有26座智能城市满足我们上文提到的八项指标中的五项。这些城市中约有50%位于北美和欧洲。

在这26座智能城市中，阿姆斯特丹在实施上述大多数智能和信息系统方面走在前列，项目涉及能源、移动、治理等方面。但阿姆斯特丹最有趣的方面在于，它创造了一个正式的渠道和机制，借此可以推进此类项目，为其提供资金并帮助实施。阿姆斯特丹的城市项目采用公私各占一半的模式，由欧盟、市政府和私人参与者共同出资。

阿姆斯特丹

研究机构Frost&Sullivan估计，全球能源、交通、医疗、建筑、基础设施和治理领域的智能城市市场潜力，加在一起能达到1.5万亿美元。如果将之与2014年各国的GDP作比较，它超过了西班牙的GDP，是全球第12高GDP。然而，虽然潜力巨大，但所面临的挑战也不容小视，包括寻找资金和发展正确的业务模式，因为西方国家中有许多城市没有资金开展某些庞大的项目。因此，将会使用四个主要模式，通过这些模式，各公司可与市政当局和公用事业单位合作，以进入这一市场。这四个模式是：建设—拥有—经营（BOO）模式、建设—经营—转让（BOT）模式、建设—经营—管理（BOM）模式和开放业务（OBM）模式。

这些模式中，由于开放业务模式所提供的灵活性和可扩展性，我们预计此类平台将促成最多的创新活动。在这个领域，城市规划者允许任何符合条件的公司或企业组织建设城市基础设施并提供城市服务。然而，城市规划者会制定一些监管条例。

在竞争和联合方面，这一市场的情况也颇为有趣。智能城市市场的参与者在此类项目中，将承担下述四个职责中的一项或多项：集成商（端到端服务提供商）、网络运营商（M2M及网络提供商）、产品制造商（硬件和资产提供商）以及管理服务提供商（第三方服务提供商，负责智能解决方案、服务的管理、运营）。

智能城市的大趋势注定会推动未来十年里的城市发展，并将提升对响应、存储、多能源网络、智能设备和新业务模式的需求。

查尔斯·狄更斯（Charles Dickens）将18世纪形容为两个城市的传奇，而21世纪将是智能城市的传奇。

十年后的某一天

王建是一个标准的白领，早晨8点准时起床，他不用出门挤公交车和地铁，只需要在家连上网络就算是签到上班，可以办公。但是，公司依然要求员工的仪表。打开衣柜，里面传来甜美的女声："您好，今天是星期一，温度为24～31摄氏度，天气晴朗，公司今天要开中层视频会议，建议您穿正装。"

挑了一件白色衬衣，女声又响起："建议您搭配红色领带和蓝色西装，会让您看起来非常精神。"王建顺从地按照提示选择了衣服，果然，如此穿戴让他精神百倍。

自动牙具和清洗设备可以帮王建迅速洗漱完毕，而此时厨房的智能家电已经按照昨晚设定的菜谱自动准备好了早餐：牛奶、面包和火腿。智能机器人保姆把早餐端到桌子上，并提醒："本次早餐的营养不够均衡，建议您添加一个苹果。"

9点整，王建准时坐在书房。电脑已经在3分钟前自动启动，发出提示："按照会议议程，您将在9点20分发言。"昨天，电脑已经将文件自动转成PPT文件，方便会议使用。这时同事们也纷纷出现在电脑的屏幕中，包括不苟言笑的老板。

中层会议结束，电脑模式转到部门办公室的同事，工程师吴先生正在用电脑监控工厂的生产情况，他似乎遇到了一些麻烦。

一转眼已经到了中午吃饭的时间，电脑提醒："您的快餐已经送出，今天是牛肉饭，还有3分钟就要到达。"吃完午餐后，电脑提醒他需要休息半个小时，这时房屋内的温度和光线也自动调节到睡眠模式。

半个小时后，智能机器人保姆准时叫醒王建。下午时间过得很快，一晃已经到下午 4 点了，到下班时间了，王建关闭了电脑，决定出门到超市购物。

出门前，王建手机接收到的路况信息显示：平常去超市的道路发生了追尾事故，提示他从另外一条道路去超市。上了汽车，他坐的不是驾驶员的位置，因为是智能驾驶。车内的音响放出了舒缓的钢琴曲，王建闭上眼睛开始放松。

10 分钟后，汽车到达超市，自动寻找停车位并停好汽车，王建下车进入超市选购商品。今天的草莓不错，王建用手机扫描了一下草莓上的条码，发现是在今天早晨 7 点在顺义采摘的，送到超市的时间是上午 10 点。王建选购了一斤草莓。一个小时后，购物车已经装满，到交费处，电脑自动扫描了商品的价格，并将商品价格发到王建的手机上，在确认无误后，只需要点击确认键。

回到家，不需要钥匙开门，大门的 3D 系统自动识别主人，自动开启，屋里的灯光也自动开启。智能机器人保姆将王建刚从超市购买的食品送入冰箱。将衣服放进洗衣机，而厨房内已经备好晚饭。机器人已经将家里打扫得非常干净，卫生间里热水器的温度正好能够冲个热水澡。

吃过晚饭，终于可以坐到沙发上了。电视自动打开，直接是王建喜欢的足球节目，一场 90 分钟的比赛后，王建在沙发上打瞌睡，智能保姆给他盖上了被子。

智能大潮无可抵挡

随着互联网、信息技术的不断进步，智能化已经成为消费电子行业发展的强劲潮流，智能手机、智能电视、智能穿戴设备纷纷走进人们的视野。

你可以抛弃家里的电视遥控器、空调遥控器、电灯开关了，通过智能家居平台，你可以通过智能手机、平板电脑或是智能手表、智能眼镜等可穿戴设备控制家里所有联网的设备。不管是电视、洗衣机还是空调、电灯，甚至还可以通过语音控制。比如，当你要睡觉时，只需对你的智能手机道一声“晚安”，电视机就会关闭，电灯也会逐渐暗下来。

如果你习惯使用即时通信软件，你也可以通过它来控制所有兼容的家居设施，只要输入“我要去度假了”，系统会自动回复：“是否需要转入度假模式？”在得到肯定的回复后，系统会激活冰箱的省电模式，把机器人吸尘器设定为每天早上9点清扫地板，把洗衣机设置在你回来的前一天进行一个洗衣循环。当然，度假的期间，你随时都可以查看家中各项设备的运行情况，甚至可以通过各种联网设备上的摄像头远程查看“实况”。

你还可以将智能手机、平板电脑以及各种可穿戴设备与汽车相连，当车辆行驶时，这些个人智能终端可以提醒你前方的实时路况信息，把个人智能终端与汽车卫星导航系统相连，甚至能够为你提供完整的“门到门”导航，即便你没在车上，也可以指挥汽车顺利到达目的地。

……

这些不是《钢铁侠》或《霹雳游侠》等科幻电影里的场景，而是在2014年1月的2014CES（国际消费电子展）上三星、LG、索尼、奔驰、宝马等厂商所展示的应用情景，它们已经被应用到实际的产品中，消费者很快就可以亲身体验这些充满未来感的智能应用。

各大厂商还展出了大量可佩戴的产品。尽管可穿戴设备开始逐渐进入人们的生活，各大厂商都虎视眈眈，但这类产品大多还没有真正接受市场的考验，不少产品还停留在实验阶段。互联网厂商、上游芯片商、终端设备商陆续进入新的领域展开竞争，智能汽车领域就是其中之一。在2014CES上，谷歌宣布与通用、本田、奥迪、现代四家车企，以及芯片制造商英伟达（Nvidia）共同成立“开放汽车联盟”，旨在将开源系统安卓植入汽车信息娱乐系统。此外，同样成熟的iOS平台也是不少汽车厂商选择的联网车载系统，通过它与现有的个人智能终端设备进行对接，包括智能手机、平板电脑、智能手表、智能眼镜等，实现与车的互联互通。

智能物联掌握家中一切

要实现智能家居，必须让家里所有的智能家电组成一个和谐运行的系统，并且接入互联网进行数据分析，以实现更加智能的自动化运行。

除了智能汽车，巨头们争相逐鹿的另一领域是智能家居。

所谓智能家居，就是将通信网络技术与家居生活有关的各种子系统有机地结合到一起，既可以在家庭内部实现信息共享和通信，又可以通过家庭智能网络与家庭外部网络进行信息交换，运用到计算处理、网络通信、感应与控制等多种技术手段。作为物联网发展的一部分，目前，在技术层面上，智能家居技术主要分为有线和无线技术两大类。

目前一些智能化社区、智能化楼宇多使用的是有线技术，所有设备通信与控制都集中在一条总线上，产品模块具有双向通信能力、互操作性和互换性。通过物联网技术将家中的音视频设备、照明系统、窗帘控制、安防系统等连接到一起，能够实现家电控制、照明控制、室内外遥控、防盗报警、环境监测以及定时控制等多种功能。

无线技术又分为电力线载波通信技术和无线通信技术。2013 年海信推出的两款微博空调就是通过自身的电源线实现联网。据海信空调首席科学家王志刚介绍，电力线载波通信技术充分利用现有的电网，两端加以调制解调器，将电源线化身为网线。而随着 Wi-Fi、4G 等技术的不断普及，无线通信技术被更多运用到智能家居系统中，通过无线通信技术，用户可以随时掌控家居的一切。

在智能家居系统中，智能家电是相当重要的组成部分。正如奥维咨询副总裁金晓峰所说，互联网技术的迅猛发展推动了智能家电的发展。智能家电与传统家电的不同，在于其实现了拟人智能——产品通过预装的感应器和控制芯片来捕捉和处理信息，为生活注入科技基因。微处理器和计算机技术的植入，使得家电能够实现自动监测自身故障、自动测量、自动控制、自动调节与远方控制中心的通信功能，用户可以根据自身的习惯进行个性化设置，从而使得家电由冷冰冰向亲民化转变。

近年来，除了已经为消费者所熟悉的智能电视之外，智能化趋势也在向高端白电产品领域延伸，包括智能冰箱、智能电饭煲、智能控制全自动洗衣机、智能吸尘器等智能家电产品接连问世。

家电企业纷纷看好这一领域的市场前景。不过，目前家电企业推出的多是单个的智能家电产品，要实现智能家居，必须让家里所有的智能家电通过无线网络组成一个和谐运行的系统，并且接入互联网来进行数据分析，以实现更加智能的自动化运行。

进击的软硬件厂商

随着技术的发展，智能化的要求越来越高，大数据及云计算等应用的产生使得智能家居必须依赖互联网。

在2014年的CES上，家电厂商就纷纷展示了各自在智能家居领域的探索，三星发布了“三星智能家庭”（Samsung Smart Home）平台，这项服务能把智能家电及手持型智能设备联系在一起，通过一个平台统一管理。LG电子公布的智能家电产品计划显示，未来家电产品将重点围绕一个“Home Chat”智能平台进行开发，通过该平台，用户将可以直接向家电发送短信进行控制。

国内家电企业也不甘于后。海尔展出了成套智能家庭系统，将苹果MFi技术应用于家电，并带来可通过红外线连接各传统电器的Smart Center，用户可根据自己的实际需要DIY智能家居系统。长虹也推出了全套家庭互联网产品，实现智能电视、空调、冰箱，以及手机、小家电、厨卫灯产品的智能化互联互通互控。

中国家电商业协会营销委员会执行会长洪仕斌认为，未来智能家庭的价值便是置入应用、数据、服务等内容的一个平台，可通过占领客厅导入其消费模式。

在智能化上有着更深理解的互联网巨头自然不会错过智能家居领域带来的机会，而且随着技术的发展，智能化的要求越来越高，大数据及云计算等应用的产生使得智能家居必须依赖互联网。

2013年的最后一天，谷歌把两年半前125亿美元收购的摩托罗拉移动以 29 亿美元出售给了联想，谷歌总裁拉里·佩奇在公告中写道："这并不意味着我们在其他硬件努力上的重心转移，比如说，可穿戴和家居市场的动态和成熟度就和移动产业非常不同。我们对于这些机遇感到兴奋，并希望在这些新型生态系统当中为用户开发出让人震惊的新产品。"

在此之前，谷歌刚宣布以 32 亿美元收购智能家居设备制造商 Nest Labs，这家公司以智能恒温器和智能烟雾探测器等产品闻名。2014 年 Nest 开放 API 接口给所有开发者，让人们可以将他们的智能家居产品和 Nest 连接起来，实现更多像控制台灯、风扇、安全系统等家居智能化的可能，Nest 将成为智能家居生态系统的一个主控中心和连接点。

不只是谷歌，苹果、微软以及国内互联网企业早就启动了智能家居计划。1 月初，小米 CEO 雷军在与苹果公司联合创始人斯蒂夫·沃兹尼亚克对话时也谈到，他非常看好智能家居，未来两年内就可以看到所有电器开始逐步智能化。

消费者的担心

尽管目前智能家居系统的开放性还有待提高，而且缺乏统一的接入标准，但 2014 年仍被认为是智能家居崛起的一年，多个家电、家居设备通过互联网连接起来，将给人们的生活方式带来巨大改变，也给厂商带来商业模式的改变。

2014 年 1 月 18 日，长虹发布 CHiQ 智能电视新品时，长虹多媒体产业集团董事长叶洪林接受记者采访时介绍，长虹已经实现了移动终端和电视的协同，下一步将实现手机和白电、厨电产品的协同，"终端

+数据”的商业模式创新大门也将随之打开。他透露，长虹出售的智能终端有100多万个已激活，相当于中等城市的规模，完全可以运营，长虹已经成立了互联网运营事业部，尝试与广告商合作。

与业界对新商业模式的兴奋与期望相比，消费者则有些担心。家住广州海珠区的张磊2013年刚在节能惠民补贴政策到期前给家里换了两台智能电视，他担心自己的个人隐私和使用习惯会被泄露，“就像信用卡一样，银行都说会保护客户信息，但最终我们的个人资料还是被卖给了各种商家”。

事实上张磊的担心是普遍性的，就在谷歌收购Nest的交易公布后，业界的很多讨论也是关于这项交易是否会带来隐私权的相关影响。根据路透社的报道，有不少消费者担心谷歌通过收购Nest来获取用户的家居数据，“谷歌将知道房主何时离家，还能知道家中何时着火或是电费账单是多少”。也有市场人士认为，谷歌可能会利用从人们家中收集到的数据来增强其广告的目标性。

尽管在这项并购交易宣布以后不久，Nest联合创始人马特·罗杰斯曾在该公司的官方博客上写道：“我们的隐私权政策明确，限制利用客户信息来提供和改进Nest的产品和服务。对于隐私权问题，我们一直都抱着非常认真的态度对待，这种立场是不会改变的。”但这并不能全然打消消费者的担忧。

数说

10亿：IDC（互联网数据中心）的调查显示，2012年全球智能手机出货量为7.25亿部，2013年这个数字上涨了38.4%，首次突破了10

亿部，也就是说，全球平均每7个人中就有一个人在使用智能手机。

56.84%：来自市场研究机构中怡康的数据显示，2013年国内彩电销量的五成都是来自于智能电视，智能电视56.84%的年增长率远超过彩电行业整体8.66%的年增长率。

8.7万：刚刚过去的2013年，在谷歌眼镜、Pebble智能手表等明星产品的带动下，可穿戴式智能设备成为热门。根据市场研究公司的统计，2013年智能手表的全球出货量达到8.7万块。

10000亿：市场研究机构奥维咨询的推总数据显示，到2020年，智能家电的生态产值将由2010年的50亿元飙升至10000亿元，智能终端将增至8000亿元的市场规模，有望实现10年增长20倍的飞跃式增长。